陪孩子走过 12~18 岁

北京市妇女联合会
北京市家庭教育研究会 编著

北京出版集团
北京出版社

图书在版编目（CIP）数据

陪孩子走过 12~18 岁 ／ 北京市妇女联合会，北京市家庭教育研究会编著 . — 北京：北京出版社，2024.4
（家庭成长系列丛书）
ISBN 978－7－200－18645－1

Ⅰ．①陪… Ⅱ．①北… ②北… Ⅲ．①青少年—家庭教育 Ⅳ．①G782

中国国家版本馆 CIP 数据核字（2024）第 069989 号

家庭成长系列丛书
陪孩子走过 12~18 岁
PEI HAIZI ZOUGUO 12~18 SUI
北京市妇女联合会　北京市家庭教育研究会　编著

*

北　京　出　版　集　团
北　京　出　版　社　出版
（北京北三环中路 6 号）
邮政编码：100120

网　　址：www.bph.com.cn
北 京 出 版 集 团 总 发 行
新　华　书　店　经　销
北京瑞禾彩色印刷有限公司印刷

*

710 毫米×1000 毫米　16 开本　13.25 印张　165 千字
2024 年 4 月第 1 版　2024 年 4 月第 1 次印刷
ISBN 978－7－200－18645－1
定价：52.00 元
如有印装质量问题，由本社负责调换
质量监督电话：010－58572393

《陪孩子走过 12~18 岁》
编委会
（编委会成员名单按姓氏笔画排序）

主任
张雅君

副主任
赵红伟　徐　凡

主编
刘焕春　恽　梅

编委会委员
王　熙　王晓磊　曲小军　曲兆军　朱月琦　刘秀英　刘国平
刘国雄　李　萌　李春燕　李斯雯　吴　牲　吴　颖　陈展红
果海霞　赵石屏　赵丽丽　郝海鸥　唐　洪　谢　麟　雷　雳
薛　静

前言

家庭是人生的第一所学校，家长是孩子的第一任老师，家长要给孩子讲好"人生第一课"，帮助孩子扣好人生第一粒扣子。科学的家庭教育是儿童健康成长的基础，对儿童的一生有着深远的影响。2019年，全国妇联、教育部等9个部门共同颁布了《全国家庭教育指导大纲（修订）》；2021年，《中华人民共和国家庭教育促进法》颁布，并于2022年正式实施；2022年，全国妇联、教育部等11个部委联合发布了《关于指导推进家庭教育的五年规划（2021—2025年）》；2023年，全国妇联、教育部等13个部门联合发布了《关于健全学校家庭社会协同育人机制的意见》，为我们研发家庭教育课程体系提供了可遵循的依据。

围绕落实立德树人的根本任务，立足首都实际，北京市妇联委托北京市家庭教育研究会，组织各领域专家、学者，聚焦生活教育，研发了《北京市家庭教育课程大纲》，针对不同年龄段儿童的身心发展规律和家庭教育特点，编写分龄（0~3岁、3~6岁、6~12岁、12~18岁）指导丛书和相应的指导课程。本书即为分龄指导丛书之一。

在12~18岁期间，孩子将从少年成长为青年，并由此步入成年阶段，无论是体形外貌、生理特征，还是认知、情绪、社会性，以及他们身处的环境、与环境的关系、适应环境的方式和能力等，都将发生巨大变化，他们所面临的问题也呈现出复杂和多样的特点。这些正在逐渐成长为独立个体的孩子，更加需要来自家庭的支持和指导。本书从提升父母家庭教育能力和促进孩子身心发展的双重角度，为12~18岁孩子的父母提供了分年龄段的家庭教育指导。

本书分为"与青春相遇""12~15岁""15~18岁"3个部分，力求承上启下，给予父母连续全面的解读、科学实用的方法指导。"与青春相遇"从整体的角度，对如何认识本阶段孩子的发展变化和成长需求、亲子相处方式，以及如何妥善处理家校关系等话题进行简要介绍。在"12~15岁""15~18岁"的分龄指导章节中，除了对相应阶段孩子身心发展的特点进行简要说明以外，重点从"培养孩子独立生活""让孩子学会适应社会""培养孩子成为合格公民""一起面对青春期""一起健康使用媒介""支持孩子学习""帮助孩子规划未来"等方面，围绕孩子在不同阶段的发展目标，为家长提供科学的家教知识和实用的操作指导，帮助家长培养孩子有利于身心健康的生活习惯、良好的学习习惯、积极适应环境的意识和能力等，从而帮助孩子建立健康的自尊、独立的人格、良好的人际关系，支持孩子度过青春期、升学期等重要的人生转折期，自信地走向独立。

同时，本书设置了《家教咨询室》栏目，秉持赋能父母和家庭的理念，针对孩子12~18岁期间，父母和家庭在不同阶段养育生活中可能面临的困难、问题和困惑，指导家长调整自己的认识、心态和行为，调整家庭的环境、活动和氛围，调整自己与孩子的互动关系和模式，以适应孩子的成长需求，更好地支持孩子的成长。

此外，本书还设置了《智慧父母驿站》栏目，针对本阶段孩子常见的棘手问题，为家长提供应对的方法和策略。

希望本书能够为广大12~18岁孩子的父母开展家庭教育提供科学的理念指导及实用贴心的帮助。

北京市妇女联合会
北京市家庭教育研究会

目录

与青春相遇 ... 1
了解青春期的孩子 ... 2
青春期孩子面临的多重变化 ... 2
青春期孩子的常见表现 ... 4
青春期孩子的成长需求 ... 5
当孩子成功度过青春期 ... 8
身体的成熟 ... 8
认知能力的发展 ... 9
个性和社会性发展 ... 10
学会与青春期的孩子相处 ... 12
关注与监护 ... 12
沟通 ... 13
接纳 ... 15
学会与自己相处 ... 17
调整自己的状态 ... 17
调整生活安排 ... 18
妥善处理家校关系 ... 19
信任学校和老师 ... 20
与学校、老师积极沟通和协作 ... 20

重视孩子的感受	21

12~15 岁 — 23
本阶段孩子的身心发展 — 24
身体发育 — 24
心智发展 — 25
个性和社会性发展 — 26
培养孩子独立生活 — 27
教孩子打理一日三餐 — 27
引导孩子保持健康生活状态 — 30
教孩子监测健康、应对突发疾病和意外 — 32
指导孩子安全地独立出行 — 35
教孩子安全使用常用的家用电器和工具 — 37
让孩子学会适应社会 — 40
引导孩子主动适应新环境 — 40
引导孩子用适宜的方式应对负面情绪 — 42
引导孩子探索自我，丰富内心世界 — 45
引导孩子妥善处理同伴交往问题 — 48
鼓励孩子融入群体，找到自己的位置 — 50
培养孩子成为合格公民 — 53
培养孩子适度消费、绿色环保的观念和习惯 — 53
引导孩子与邻里和睦相处 — 54
引导孩子理性分析问题，明辨是非 — 56

鼓励孩子了解中华优秀传统文化和国家发展变化　58
鼓励孩子涉猎多元文化，拓宽对世界的了解　60

一起面对青春期　62
引导孩子了解和适应身体的变化，悦纳自我　62
指导孩子健康、安全地进行人际交往　65
帮助孩子了解性心理及行为　68

一起健康使用媒介　71
体验各种媒介，利用多种媒体丰富学习与生活　71
辨析信息的真伪，识别和应对网络陷阱与诱惑　73
了解网络交往的特点，学习适宜的做法　74

支持孩子学习　76
激发孩子的内在学习动力，培养主动学习的孩子　76
帮助孩子掌握科学的学习方法，提升学习效率　79
培养孩子的反思能力，让孩子的努力更有效　82
培养学习坚持性，帮助孩子更好地克服学习困难　85
引导孩子关注科技，成为一名科技型学习者　87

帮助孩子规划未来　90
支持、鼓励孩子了解和体验不同职业　90
鼓励孩子畅想未来的职业生涯　92
引导孩子把梦想与当前的学习联系起来　94

家教咨询室　97
孩子不适应新环境，怎么办？　97
如何帮助孩子度过父母离异、亲人过世等家庭变故期？　99

孩子缺乏人生目标，怎么办？	101
孩子沉迷网络，怎么办？	103
孩子整天打游戏，该怎么引导？	105
孩子在重要考试中考砸了，怎么办？	107
智慧家长驿站	**110**
满足孩子的心理需求，把握宽严尺度	110
重新认识孩子的学习，提供有效支持	112
提升自我修养，营造良好的家庭氛围	113
当好多子女家庭的家长	116

15~18 岁 119

本阶段孩子的身心发展 120
身体发育 120
心智发展 121
个性和社会性发展 121

培养孩子独立生活 123
引导孩子调整自己的生活习惯，保持良好的健康状态 123
鼓励孩子形成适合自己的锻炼方式 125
指导孩子独立看病，学会照料病人 127
鼓励孩子安排日常家务和统筹较复杂的家庭事务 129

让孩子学会适应社会 131
引导孩子主动适应新环境 131

培养孩子的独立意识和独立能力	134
培养主动调节情绪的意识和能力	136
帮助孩子提升妥善处理人际问题的能力	139
鼓励孩子参加集体活动，锻炼协调、合作的能力	141

培养孩子成为合格公民　　144

鼓励孩子分担家庭事务，培养家庭责任感	144
鼓励和培养孩子在团体中承担青少年领袖的角色	146
共同参与公益活动和志愿服务，培养服务社会的意识	148
鼓励孩子思考公共决策的合理性	149
共同学习法律知识，树立正确的法治观念	151
鼓励孩子深入了解中华优秀传统文化	153
引导孩子关注国家的发展变化，将理想与国家发展相结合	155
引导孩子学会欣赏多元的世界，培养孩子的文化包容性	157
引导孩子理性思考自我与社会的关系	159
引导孩子积极参与环保实践	160

一起面对青春期　　162

引导孩子思考着装打扮的话题，关注个性美、内在美	162
探讨男性和女性的社会角色，培养性别平等观念	164
指导孩子妥善处理对异性的爱慕之情	166

一起健康使用媒介   169
鼓励孩子使用媒介   169
负责任地发布信息   171
尝试运用和体验人工智能产品   172

支持孩子学习   175
引导孩子设定并规划长、中、短期目标   175
掌握应对偏科的方法，帮助孩子改善偏科   177
鼓励孩子用科学方法分析和解决生活中的问题   179
鼓励孩子打破常规、创造性地解决问题   180

帮助孩子规划未来   183
帮助孩子树立信心，以稳定心态度过升学考试   183
指导孩子理性选择志愿   185

家教咨询室   187
如何帮助孩子摆脱焦虑和抑郁的情绪？   187
如何帮助孩子建立自信？   189
如何帮助孩子坦然面对单亲家庭？   191
如何帮助厌学的孩子？   192

智慧父母驿站   194
认识和欣赏孩子的长处   194
形成与时俱进、终身学习的观念和习惯   195
做好家庭建设，经营幸福生活   197

与青春相遇

了解青春期的孩子

青春期是人生的第二个快速发展期。一百多年前，有学者把青春期描述成"一个充满动荡和紧张的时期"，一直以来，很多家长的内心也充满了对于青春期的忐忑不安。

那么，青春期真的如洪水猛兽一般吗？青春期的亲子冲突是不可避免的吗？这个时期的孩子究竟会经历些什么？他们会怎样成长？需要怎样的帮助？

青春期孩子面临的多重变化

曾经，人们认为青春期的种种动荡是这个时期激素活跃导致的结果。然而，大量研究表明，激素所起的直接作用有限，孩子在这个时期所经历的多重变化，其影响才是巨大而深远的。

● **身体的变化**

在这个时期，除了身高、体重快速增长，孩子的第二性征也出现了，比如腋下和阴部长出体毛，女孩乳房发育、骨盆变宽，男孩喉结突出、长出胡须等，这些都使得他们的身体在一个不太长的时间内变得和以前不一样了。此外，女孩开始来月经，男孩出现遗精，也是这个时期孩子的身体所经历的重要变化。

身体的快速变化带给孩子的感受可能是非常强烈的，他们不仅要接受它、适应它，重新自如地驾驭自己的身体，还要应对外界对于他们身体变化的反应，比如开始有小孩叫他们"叔叔""阿姨"，开始有异性投来关注的目光等。

● **认知能力的变化**

随着大脑的进一步发育和经验的增长，青春期孩子的反应速度、注意力和记忆力，以及整合信息、制订计划和自我调节的能力都有很大的提高，能够进行较为严密的逻辑推理，更好地换位思考、理解别人、观察和反省自己、畅想和规划未来。

虽然这些能力还在发展，并没有达到成熟的程度，但已经使得青春期的孩子对自己、他人和社会的看法发生较大的变化。比如，他们认识到真实的自己和理想的自己之间的差距，看到家长、老师等权威人物身上的各种缺点和不足，也逐渐了解了社会中的一些不良现象，可能会产生一些比较偏激的观点。

● 学习环境和学习任务的变化

也是在这个阶段，孩子从小学升入中学，有的孩子还要开始寄宿生活。这意味着他们要离开原来熟悉的环境，认识新老师、结交新朋友，建立新的人际关系。此外，中学的学习内容和方式与小学有很大的差别，学习难度和强度也会大大增加，这些都是青春期孩子需要面对的难关。

适应种种叠加在一起的变化，对步入青春期的孩子来说无疑是充满挑战的。

青春期孩子的常见表现

我国著名心理学家朱智贤先生曾用"半幼稚半成熟，半独立半依赖"来描述从儿童期向成人期过渡的青春期孩子。这个时期孩子的种种表现，与青春期的过渡性有密切的关系。

● 对身体的好奇和探索

这个时期的孩子更喜欢照镜子（有时是偷偷地），在镜子前摆出各种姿势，也喜欢尝试各种运动、挑战极限、冒险等，还喜欢尝试新的装扮，比如穿显得成熟的衣服，或者打扮得很酷、特立独行，但也可能会羞于展露，用宽大的衣服遮挡自己的身体，尤其是有异性在场时。

这些表现与孩子身体的快速发育变化有密切的关系。一方面，他们感受到自己更强的力量、更旺盛的精力和日益凸显的性别特点，并用上述的各种方式探索、了解和展示自己快速变化、日渐成熟的身体。另一方面，他们又可能对自己不断发育变化的身体感到手足无措，对别人会怎么看自己感到忐忑不安。

● 与家长冲突的增加

青春期的孩子往往与家长相处的时间减少，争执却增多，会更多地与同龄人相处、寻求同龄人的情感支持，独处的时间也会增加。这一变化与青春期的认知发展有密切的关系，而同时认知发展也会刷新孩子对自己和别人的看法，他们开始重新定义自我以及自己和别人（尤其是家长）的关系，独立自主的愿望和能力也日益增强。

这一阶段孩子与家长的争执主要是围绕生活琐事，如穿衣打扮、个人卫生、睡眠、学习等传统话题，还有手机使用等与时代特征相关的话题。比如，家长觉得孩子还不能管好自己，想要多教导、保护孩子；而孩子觉得这是自己的事情，不需要家长来管。再如穿衣打扮，家长觉得关乎德行、礼仪，而孩子觉得这些不过是个人喜好问题，没必要非得按照家长的标准来。

双方的观点差异导致的亲子冲突，一方面使亲子关系有所疏离，但另一方面也推动亲子之间重新相互了解和认识，从而调整亲子关系，最终形成更适应孩子身心发展水平、更具有平等性质的关系，同时也促使孩子更多地与家庭以外的同龄人建立亲密关系，拓展了他们的人际支持网络。

● **情绪波动和消极情绪增多**

与过去相比，青春期的孩子似乎开心的时候更少、郁郁寡欢的时候更多，情绪波动更多、更大，如一时高兴一时不高兴等，常常令家长感到莫名其妙。

出现这些现象的重要原因之一，是他们有了比以前更多的消极体验，比如与家长争执、学习遭遇困境、受到老师批评、与朋友闹矛盾等。另外，这个时期孩子的学习压力增大、作业量增加，但也非常需要娱乐、休闲、社交，这些都会挤占他们的时间，导致他们比以前睡得更晚、睡眠时间变短。睡眠不足对情绪的影响也是不可忽视的。

青春期孩子的成长需求

种种现象，都提示了青春期孩子在面对这个充满变化和挑战的特殊时期所需要的帮助和支持。

- **寻求同龄人的接纳**

孩子需要有朋友，需要被同龄人群体接纳。这个阶段的孩子需要重新认识自己、构建健康的自我概念。亲密的朋友和接纳他们的同伴群体能使他们感受到自己的价值，当他们分享自己内心世界的时候，也可以从同伴那里得到理解和共鸣；同伴不仅可以陪伴他们、给他们建议和支持，还提供了榜样和参照，帮助他们更好地了解自己的能力和个性。在这个时期，孩子对同伴的依赖甚至会超越家长。

但是家长的作用仍然非常重要，尤其是在面对紧急情况和关键问题时，比如遭遇霸凌、面临升学选择等，孩子仍然非常希望得到家长的指导和支持，这对于他们来说是很关键的。

此外，为了维持友谊、获得同龄群体的认可，青春期的孩子可能不惜改变自己的行为、趣味甚至价值取向。这些同伴影响有时是不良的，比如说粗话、抽烟、喝酒等。因此，也要鼓励孩子独立思考，在一些重要的时刻，能够抵抗来自同伴的压力，独立做决策。

- **掌控自己的生活**

孩子需要独立自主，可以自己做决定、掌控自己的生活。独立自主一直是成长的核心主题。处于向成人过渡时期的孩子更加渴望独立，尤其是摆脱家长的管教和对家长的依赖。随着各个方面的日益成熟，他们做决策的能力也有很大的提高，家长需要适时地、逐渐地把决定权交给他们，在他们能够做出合理决定的事情上不再干涉，而在他们还不太熟悉、尚不能掌控的事情上予以指导，帮助他们提高做决策的能力，逐步走向真正的独立。

事事由别人定、无法自决的孩子，会缺乏掌控感和胜任感，这对于他们社会情感的健康发展是不利的。另一方面，突然给孩子太多的自由，让他们承担太大的责任，他们也会感到恐慌和无助，觉得家长抛弃他们、拒绝他们。

因此，把决定权交给孩子是一个渐进的过程，需要与孩子的能力和成熟水平相适应。

● **承担责任**

孩子需要承担一定的责任并能够胜任。赋予孩子的责任可以是对自己、对家庭、对集体的，也可以是对社区、对社会的。比如管理自己的房间，支配自己的财物，承担一项家务，在班级或社团里面负责一些工作，做志愿者，等等。能够承担一定的责任，是自我价值感、胜任感和意义感的重要来源，对于正在探索自我的青春期孩子来说，这些对于他们了解自己的能力、特长、个性品质，形成积极的自我概念都非常重要。

以上这些需求如果得不到满足，不仅会影响孩子的健康成长，还会增加他们沉迷网络或出现其他成瘾行为的可能。家长在平时的生活中要关心孩子，为他们创造满足这些需求的条件，支持他们探索自我、构建健康的自我概念，帮助他们形成支持性的人际网络，发展多种能力，并树立正确的价值观、世界观和人生观。

当孩子成功度过青春期

青春期是一个快速变化的时期,短短几年,孩子就从少年儿童转变为成人,进入人生的一个全新的阶段。

身体的成熟
- **身体机能**

到十八九岁的时候,无论是男孩还是女孩,身高都几乎达到了最高峰。男孩长出了结实有力的肌肉,脂肪减少,看上去更加强健;女孩虽然肌肉生长不及男孩,但脂肪却在胸部、臀部等部位积存起来,体形变得丰满窈窕。从身体机能上看,由于心肺功能有了大幅度提升,加上骨骼肌肉的生长,他们的运动能力有了很大的提高,力量、速度和耐力都有很大的增长。同时,男孩和女孩在身体和运动方面的差异也凸显出来,体育课和体育竞赛需要分性别来开展。此外,他们的生殖系统已经发育成熟,具备了生育后代的能力。

● 脑及其功能

虽然在整个青春期，孩子的脑重没有发生大的变化，但脑机能的发展变化却是巨大的。其中一个重要变化是内抑制功能日益发育完善，兴奋和抑制过程变得平衡协调。另外的重要变化包括：按照用进废退的原则，很多不使用的神经连接会被"修剪"掉；包裹神经通路的脂肪膜——髓鞘继续生长。由此，孩子的自我控制、自我调节的能力有明显的增强，脑的工作效率也更高了；但另一方面，这也会使得人脑失去一些灵活性和可变性。这也是青年人的思维在更加快速高效的同时，却往往不如少年儿童那样灵活发散的原因之一。

脑的变化并没有止步于青春期，而是持续到成年以后。

认知能力的发展

● 思维能力

经历过青春期的发展，孩子的抽象思维能力有了明显的提高，不那么容易被表面现象所约束和误导。比如，"扇子越大扇起来越费力"这个说法看上去很合理，儿童比较容易接受，但是青少年却可能质疑说"扇子大小不是决定是否费力的唯一因素，还要看扇子的材质、扇子的形状和风速的大小等"。他们可以抽取出多种影响因素，并可以设计系统的实验来一一验证每个因素的作用。这一方面得益于他们的学习和经验的增长，另一方面也与他们思维的抽象性、系统性和严谨性的发展有关。

● 元认知

这个阶段认知发展的另一个重要方面是元认知，也就是对自己认知过程的认识和监控。比如估算记住一段课文需要多长时间，发现自己学习、思考过程中的疏忽和问题，判断现在的记忆方法是否合适以及需要怎样调整，等等。这种能力在学龄初期虽然就已经显现，但在青春期才会得到较大的发展。

正因为认知能力的显著提升，青少年才能够更有效地学习，理解更复杂深奥的概念和理论，同时也能更好地思考和理解自己的内心世界，自我知觉、自我反省的能力得以显著提高。

个性和社会性发展

● 自我概念

经过一段时间的探索和思考，青春期的孩子逐渐形成了比较稳定和一致的自我认识，比如认识到自己在不同场合、不同情景下的表现会不一样，但这些都是自己的不同侧面，都是自己个性的组成部分。他们对自己是什么样的人有了一个更为客观完整的认识，同时也对具体的方面，比如学习、运动、外表、人际关系、品格等有比较明确的认识。这为他们后续的自我探索奠定了基础。

虽然这一阶段孩子一直在思考"我适合做什么""我想成为什么样的人"等问题，但是随着受教育时间的普遍延长，他们进入职场、社会，承担成人责任的时间也日益后延，因而，青春期后，他们大多还没有找到这些问题的答案，对自我的探索仍未完成。

● 人际关系

到青春期的后期，孩子与家长之间的冲突或争执减少了，家长给予了孩子更多自主的空间，孩子对家长的认识和理解也变得较为理性，并不再那么依赖家长，对家长的亲近与自我的独立之间达到了平衡，亲子关系进入了比较稳定的时期。

与此同时，孩子大多与志趣相投的同龄人建立了亲密的友谊，朋友在他们的情感世界里有了更为重要的地位，成为他们人际支持网络的重要组成部分。此外，虽然孩子对异性的关注增加了，但是这个时期的异性交往更多的是一群朋友聚在一起娱乐，真正恋爱的人并不多。这个时期的友谊和异性交往将为孩子积累亲密关系的经验，对今后婚恋关系的发展起到非常重要的作用。

- **道德与价值观念**

随着认知能力的发展和换位思考能力的提高，孩子得以摆脱个人的视角，从社会的视角考虑不同个人和群体的利益，思考公平正义、人性关怀、社会责任等问题，形成自己的道德观和价值观。他们会热心参与社区治理、帮助弱势群体等志愿活动，表现出强烈的公民责任感。

学会与青春期的孩子相处

在青春期，亲子关系面临重要的调整，彼此如何相处，是孩子和家长都要思考和应对的问题，其中家长方的调整更为关键。

关注与监护

青春期的孩子仍然是未成年人，需要家长的监护。然而，一方面，这个时期的孩子渴望独立自主、摆脱家长的约束，走向更广阔的社会；另一方面，青春期的孩子还缺乏社会经验，分析研判的能力还不够强，再加上情绪不稳定，可能行事冲动、不当。因此，这个时期家长的监管既是非常重要的，又是较为困难的。

● 共同商讨，约定界限

家长要和孩子共同商讨，约定彼此之间的界限：哪些事情可以由孩子自己决定，哪些需要告知家长，哪些要听取家长的意见。比如说：孩子在哪里、做什么、与谁在一起，事关安全，需要告知家长；升学等重要事项，需要听取家长的意见；日常小额花销等则可以由孩子自行决定。

对这些约定的商讨可能会反复进行，要根据孩子的能力变化和具体情况进行调整。此外，通过商讨，家长和孩子对对方的想法、感受会更加了解，这也是一个调整相处方式的过程。

- **耐心智慧，把握分寸**

青春期的孩子需要家长付出耐心、运用智慧、把握分寸。如果家长事无巨细都要管，容易导致孩子的依赖或叛逆；但如果对孩子既没有限制也没有指导，则会让孩子感到不安全、迷茫和困惑，有可能被解读为家长拒绝他们、不关心他们。比较好的方式是在鼓励孩子自主的同时予以指导：孩子听取家长的意见，和家长讨论自己的想法，但可以自己做决定。这就需要良好的沟通。

沟通

进入青春期后，孩子与家长的交流常会减少。这不一定是因为亲子关系出了问题，孩子开始更多地独处和与同龄人交流也是重要的原因。

虽然家长不必因此而忧心忡忡，但也要注意自己与孩子的沟通交流。有时候孩子保持沉默、不与家长沟通，可能是因为亲子沟通中的暴力，如家长的指责、嘲讽、说教，或随意打断、不回应、随口敷衍、主观臆断等，这些都在传递着否定、拒绝、不关心、不耐烦等负面的信号。如果家长发现自己与孩子的沟通存在这样的现象，就要及时做出改变，无论是倾听还是表达，都要传递爱、关心和尊重，避免各种形式的暴力。

- 倾听、理解，鼓励孩子充分表达

交谈时，家长要专注地听孩子说话，身体略微前倾，关注地看着他，时不时点头，或者用"嗯""是"等简短回应，让孩子感受到家长的关心、尊重和爱，从而愿意打开话题。

此外，在倾听的过程中，还要注意以下几点。

不要轻易打断孩子，也不要急于给出建议和指导；

要细心观察孩子的表情、体态，留意解读其中的信息；

如果有不清楚的地方，要及时向孩子求证。

- 运用"我的信息"，避免暴力伤害

"我的信息"是指说话时用"我"为主语来表达感受，如"我很开心"或"我觉得很郁闷"，而避免用"你"为主语来指责或压制对方，如"你惹我生气"或"你真没礼貌"。遇到孩子出现不当行为时，这样的沟通既能表达自己的感受，又体现了尊重，可以避免沟通中的暴力，避免使孩子感到自己没有价值、自尊心受伤，继而引发抗拒、顶嘴、漠视等防卫心态。

使用"我的信息"一般包含下面 4 个步骤。

第一步：描述具体的事实。例如，"都快 12 点了，你还没有做完作业"。这里要注意避免以偏概全，比如"你怎么老是……"，也要避免主观评判，比如"你磨磨蹭蹭的"。

第二步：表达自己的感受。例如"我感到着急"或"我很不安"，避免使用"你让我……"或"你使我……"等"你的信息"。

第三步：说明引起感受的理由或原因。例如"因为你没有足够的时间睡觉了"或"因为这样容易着凉感冒"。

第四步：表达希望或期待。例如 "我希望你能抓紧时间"或 "如果你能在 11 点以前做完作业，我会很高兴"。

这4个步骤可以归纳为一个简单的公式:"当……时,我感到……,因为……,我希望……。"当然,这个公式是可以变化使用的,第二步和第三步可以对调。比如:"看到你这么晚还没回来,怕你出事,我很担心,希望你能给我打个电话。"

总之,与孩子沟通要尽量做到:多倾听、少说教,提建议而不是下命令;多分享、少评判,避免上纲上线。这在青春期尤为重要。

最后,即便家长遵循了所有良性沟通的原则,效果仍有可能不好,这也是正常的,不要期望和孩子的沟通可以立竿见影,更不可故态复萌,重走暴力沟通的老路。家长要调整心态,接受孩子、接受自己、接受暂时的困难,等待下一次时机。与青春期的孩子沟通,格外需要耐心和定力。

接纳

在孩子的青春期,接纳对于家长来说特别重要。家长应当接纳孩子的独特个性、日益增长的独立性,以及未来发展的不确定性。

- **接纳孩子的独特个性**

也许对于孩子的个性,家长会心存遗憾,比如觉得他们比较爱惜自己、不够勤奋刻苦,或者比较内向、不爱说话等,这些遗憾有时会成为家长爆发的"雷"。一旦孩子成绩滑坡,家长会对他们不够勤奋的个性更为焦躁和抓狂。此时家长需要了解,每一种个性特点都既有优势也有劣势。爱惜自己的孩子也许不够努力上进,但通常心态好、不较劲。家长要善于发现孩子个性的优势,帮助孩子扬长避短,做更好的自己。

- **接纳孩子日益增长的独立性**

在这个阶段,孩子更为独立自主,与家长意见不同、不想让家长管的情况频频出现。面对这种情况,家长难免心里不舒服,一方面出于做家长的自尊心，另一方面也可能有不再被孩子需要的失落感，这些心态都会使家长在面对孩子的问题时反应更强烈，不利于彼此的相处。独立是成长的必然结果，家长要调整心态、适时放手，给予孩子探索的机会和条件，并帮助他们提高自主决策的能力。

● **接纳孩子未来发展的不确定性**

现在，社会的发展变化越来越快，不少职业甚至行业正在消失，未来，换工作可能成为职场的常态，不确定性大大增加，为孩子预设发展轨迹会越来越不现实。所以，如果孩子没有按照家长预定的方案成长，家长要放下焦虑和担忧，平静地接受。面对不确定的未来，帮助孩子学会选择、取舍、做决定，或许更为重要。

当家长心态变得平稳，与青春期的孩子相处就不会那么难，亲子关系也会得到改善。

学会与自己相处

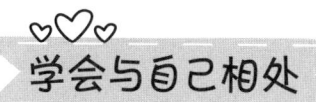

调整自己的状态

孩子进入青春期后,家长的焦躁不仅来自孩子,也可能来自自身。

在这个时期,很多家长开始步入中年。中年人正处在职业生涯的关键期,不少家长在这个年纪成了单位的中坚力量,在获得成就感的同时,也承受着较大的工作压力,想在职场上更进一步,通常要付出更多。压力导致的焦虑不仅会对工作状态造成影响,也会蔓延到家庭生活中。

而另一方面,面对家中的青春少年,家长也许会感到自己不再年轻,精力渐渐下滑,有些地方开始不如孩子,也不再那么跟得上社会的潮流。此外,孩子也不再黏着家长,开始有了其他亲密的人——好友甚至恋人,不再事事都告诉家长、依靠家长。所有这些都可能使家长感到失落甚至焦虑,一旦这些情绪被带进与孩子的沟通之中,就更容易引起争执和冲突。

不过,这些情绪的到来并不完全是坏事,它提醒人到中年的家长要调整自己，开启生活的另一个阶段。

调整生活安排

既然孩子已经不像以前那样经常黏着家长，需要的照顾和监管也比以前少了很多，那么家长可以把自己的时间和精力分到其他一些事情上。

● **多留些时间给自己**

花点时间照顾好自己，保持良好的身体与精神状态。研究一下营养搭配，提升日常饮食的质量；增加运动与锻炼，游泳、跑步等都是不错的选择。身体的良好状态有利于保持良好的心境，面对工作和生活中各种艰巨繁复的事务，也能有更好的心力去应对。

还可以给自己充电。参加一些学习和培训，利用网络上的各种资源充实自己。无论是职场方面的充电还是个人兴趣方面的充电，都有利于家长提升自身的修养和能力，更好地应对外界的变化，也能为孩子树立终身学习的榜样。

● **多留些时间给伴侣**

夫妻俩可以一起出游、看电影、参加朋友聚会、散步等，在颐养身心的同时也互相陪伴。花些时间为对方做点小事，比如做一道对方喜欢的菜、精心挑选给对方的礼物、对方加班或出差的时候开车接送等。这些琐碎的生活日常会给予彼此温暖和支持，使夫妻之间的感情历久弥深。

良好的夫妻关系有利于营造温馨的家庭氛围，对于孩子来说也是一种潜移默化的情感滋养。同时，这也有利于夫妻双方在教养孩子的事情上彼此分担、相互支持，并保持稳定的心态，提升家庭教育的效果。

● **学会接纳**

生活中的很多事情是难以改变的，如果不能接纳和释然，就会给自己带来无尽的烦恼。因此，家长要调整自己的思维，在家庭生活中，除了接纳孩子，也要接纳自己。

　　对于绝大多数家长来说，对孩子的教育都难免纠结和遗憾。比如，家长可能时常忍不住向孩子发火，做不到理想中的"温柔而坚定"；又比如，自己严格要求孩子，而另一半却比较放纵，很难达成一致；等等。这些事一旦成为家长的心结，就会引起内疚、焦虑、不满和愤怒，影响到亲子关系和夫妻关系。

　　其实，教育是件复杂的事情，没有绝对正确，也没有完美无缺。家长的做法无论是宽是严，绝大多数都有它合理有效的一面。只是，在不同时间、不同场合，面对不同的孩子、不同的事情，这些方法不一定都适宜。

　　比如，要求幼儿饭前洗手，可能需要不厌其烦地重复，但孩子长大以后，重复就变成了唠叨。又比如，老大顽皮，家长态度严厉老大才会当回事；但老二比较敏感，严厉的态度会让老二紧张害怕，反而记不住家长的要求。虽然现在不主张严格控制孩子，但如果家庭所处的环境不佳（如孩子接触不良青少年的概率较大），那么家长的严格控制对于孩子的健康成长就是一种很好的保护。再比如，一般提倡家长管教要有一致性，以免孩子无所适从。但是，不一致也可以给教育带来更多的选择，如果其中一个人的做法效果不佳，那么换另一个人来做也许会带来不一样的结果。当家长的思维有了这样的灵活性，就会减少纠结和焦虑，对孩子的教育也更有可能找到有效的方法。

妥善处理家校关系

　　从孩子上学开始，在校学习就成为他们生活中最主要的内容。学校是进行正规教育的专业机构，是孩子生活的重要场所，在孩子的教育中起着主导作用。而家长作为监护人，承担着家庭教育的主体责任。可以说，学校、老师和家长都对孩子的成长起着非常重要、非常直接的作用。学校和家庭的关系是否和谐融洽、能否密切配合，是影响孩子在校生活和学习的重要因素之一。

家长要尊重和相信学校的专业能力和主导地位，同时担负起自己的主体责任，配合学校帮助孩子适应在校生活，并争取学校和老师对家庭教育的支持和帮助。

信任学校和老师

● **相信学校、老师和家长的目标是一致的**

家长希望孩子品学兼优、健康成长、考上好的学校、将来生活幸福，学校和老师也是以此为目标的。有了这样一个大前提，就有了相互信任的基础，大家可以在这个前提下，探讨如何才能达成这个目标。

● **相信学校、老师的专业能力**

学校是专门、正规的教育机构，老师是具备专业知识和技能的教育工作者，他们在孩子的品格培育、习惯养成、成绩提升等各方面都有丰富的经验，听取老师的指导和建议，对家长教育孩子是很有帮助的。

与学校、老师积极沟通和协作

● **与学校和老师互通信息**

家长的视角与老师的视角不同。家长对自己孩子的个性、习惯、特长等更为了解，而老师更了解每个孩子在班级中的表现和学习情况等。因此，家长要经常与老师交流，沟通信息、达成共识，家长知道如何在家配合老师，老师也知道如何更好地帮助孩子，聚合双方的力量，教育才能更有的放矢、效果更好。

在沟通交流中，换位思考十分重要。家长要理解老师的辛苦和不易，理解他们为孩子好的一片心，站在他们的角度去思考，心怀感激之情，这样在沟通的时候，可以做到好好说话，尽量避免苛求、指责、质疑等负面的言行，多为老师提供他们所需要的信息，提出老师能接受的、有益于解决问题的建设性意见。

● **积极参加学校的活动**

很多学校会邀请家长来校参加各种活动。从校方来说，这样能够与家长面对面交流，沟通学生的情况和学校的工作，取得家长的理解和支持，对学校顺利开展工作很重要。对于家长来说，这是了解学校的教育、教学情况，提出意见和建议的良好机会。近距离与老师、学校领导交流，能够了解学校领导、老师的态度、观点、工作方法和风格，与他们相互熟悉，让彼此的关系更融洽，对以后的沟通交流也是非常有利的。此外，这也能使学校领导和老师感受到家长对学校工作的关心和支持。

重视孩子的感受

● **从孩子的视角思考**

当孩子在学校受了委屈，爱子心切的家长可能会去学校为孩子讨公道；也有些家长会为孩子竞选班干部等事情去和老师沟通。家长帮助孩子的心情可以理解，但家长也许可以先问问自己：向学校、老师提出的诉求是不是孩子真正需要的？是不是真的对孩子好？

如果家长到学校兴师问罪，很可能会激化矛盾，对孩子以后在校的人际关系和环境适应是不利的。所以为孩子着想，家长还是要理性沟通、尽量化解矛盾，才有利于营造融洽的环境氛围，更有助于孩子适应学校生活。

如果孩子有做班干部的意愿，家长可以鼓励孩子自己去争取，并提供适当的帮助和指导。如果事事代他们去做，不仅容易养成孩子依赖、退缩的习惯，不利于孩子自主性的发展，而且会给学校、老师和同学留下不好的印象，长期看来是弊大于利的。

因此，家长在为孩子考虑的时候，要与孩子沟通，了解孩子的真实想法和内心需求，并提醒自己保持警觉，看看自己的行为是否偏离了为孩子好的初衷。

● **着眼于孩子的成长**

也许孩子会遇到比较严厉的老师或不太好相处的同学，有些家长的第一反应是去向学校提要求，帮助孩子避开这些麻烦的人际关系。但是，即便孩子现在可以回避这些问题，等到了社会上，他们也必然要与形形色色的人打交道，所以学习与各种人沟通和相处是很重要的。家长需要做孩子的工作，鼓励孩子迎接挑战，提高与人相处的能力。同时，家长也要主动与老师沟通，身体力行，为孩子做出榜样。有家长的参与，老师也会看到家庭的诚意，重视孩子的发展和成长。

12~15 岁

本阶段孩子的身心发展

12~15岁的孩子正处于初中阶段,这个阶段也被称为少年期,这是孩子身体发育的一个加速期。这个时期,孩子的身体发育趋于成熟,但他们的心理成熟会晚于身体发育成熟。

身体发育

这个阶段,孩子生理发育极为迅速,在短短的两到三年内就能完成身体各方面的生长发育,基本达到成熟的水平。

在身高方面,这一时期的孩子身高增长迅速,男孩身高的生长高峰年龄约在14岁,女孩身高的生长往往早于男孩,高峰年龄约在12岁;在体重方面,男孩在12~14岁体重增加最快,女孩在11~13岁体重增加最快。在生长期,孩子的四肢会比躯干长得快一些,整体看起来可能不太协调,甚至会显得笨手笨脚,但这只是暂时的,会随着生长发育而慢慢改善。

这一时期，孩子的骨骼生长速度显著，之后增速会慢慢回落。肌肉和脂肪也进一步增长，男孩表现在肌肉的增长，肩部越来越宽厚；女孩则表现在脂肪的增多，展现出曲线，骨盆逐渐宽大。

随着运动量的增加，孩子容易出现扭伤、抽筋、皮外伤等状况，但不必过于担心，因为他们的免疫力也有明显提高，很快就能恢复。另外，孩子的心脏机能发育更加健全，肺活量也比之前增加了一倍，新陈代谢显著加快。

这一阶段，男孩和女孩都会慢慢长出腋毛和阴毛，性器官开始发育，出现第二性征，男孩长出胡子和喉结，嗓音变得沙哑。女孩的乳房开始发育，出现月经初潮。女孩月经初潮一般出现在 10~16 岁，男孩的遗精一般发生在 12~18 岁，但也会因人而异，涉及遗传、营养、生活条件、环境气候等多重因素的影响。

心智发展

这个时期，孩子的具象思维进一步完善，抽象思维也在不断发展中。研究表明，在语文方面，孩子理解字词概念的能力有了进一步的提升，尤其是对于一些抽象字词有更深入的理解；在几何方面，大部分孩子可以运用恰当的语言来描述几何概念及其相关性质；在推理方面，推理能力还在发展中，归纳能力要高于演绎能力。

进入中学阶段，学习任务难度增大，任务量增多，越来越多的孩子开始认识到合理制订学习计划的重要性。同时，元认知能力的提升，也使他们具备了在学习过程中不断监控自己的完成情况并进行反思和调整计划的能力。虽然这个阶段孩子的自控能力与小学阶段相比有所提升，但仍然较弱，可以通过提升学习专注度来提高孩子的自控能力。

个性和社会性发展

这个阶段的孩子，虽然他们的身体发育迅速，但心理发育仍处在从幼稚到成熟的过渡时期。

青春期是孩子自我意识发展的高峰阶段，他们的自我意识高涨，内心世界越来越丰富。也因为自我意识的高涨，孩子在这个阶段普遍出现了反抗心理，当然，这也与孩子中枢神经系统的兴奋度提高和独立意识的增强有关，他们会反抗那些令他们不满的人和事，要么态度强硬、举止粗暴，要么冷漠以对、一言不发。他们会因为一件事对一个人全盘否定，甚至对一个群体都抱有抵触情绪。

与儿童阶段朋友成群结队的交往方式不同，这个阶段，孩子的感情重心由家长转向了朋友，朋友数量也逐渐减少，这主要是因为他们需要向要好的朋友倾诉烦恼，但又不希望被更多人知道。

另外，随着性激素分泌量的提升，孩子开始对异性产生好奇和好感。起初，他们的表达方式往往与内心真实想法相反，比如一个男生越是喜欢某个女生，越是表现出对她的不友好，越是欺负对方。但随着进一步的相处，关系开始逐渐融洽，几乎每个孩子心中都有一个默默有好感的异性，他们一般不会将这种感情公开。

在与家长的相处方面，亲子之间的感情不如以前那么亲密，孩子会抵触家长干涉和控制他们的学习和生活，也不如儿童期那么听家长的话，容易与家长产生分歧。

培养孩子独立生活

教孩子打理一日三餐

莉莉上初中不再需要人接送,所以爷爷奶奶就回老家了。上学时,莉莉可以在学校吃午饭,可放假的时候怎么办呢?莉莉说可以点外卖,但爸爸妈妈认为总是点外卖不仅花钱多,而且不健康,想让莉莉学会自己做饭。

在小学阶段,孩子在厨房基本都是打下手,比如帮着择菜、洗菜、擦桌子,做些简单的凉拌菜等。等到了小学高年级,可以开始蒸煮一些简单的食物,但都还不足以让孩子独立打理一日三餐。

到了初中,很多时候孩子是独自在家的,尤其是假期,那孩子应该如何解决自己的吃饭问题呢?遇到这种情况,有的家长会提前把饭菜做好,孩子吃的时候用微波炉加热,有的就干脆点外卖。

初中的孩子动手能力更强,能够学习更复杂的劳动技能,也有更好的规划能力。因此,家长要有意识地让孩子发挥主观能动性,让他们逐渐参与一日三餐的打理，为培养其独立生活的能力打好基础。这一过程是循序渐进的，可以通过家长生活中的传帮带，让孩子逐步掌握相关的知识和技能。

● **超市是个大课堂**

逛超市采买家庭一日三餐的食材，对孩子来说是一个很好的体验和学习的机会。

学会列购物清单。比如周末去超市，一般是提前购买下一周需要的肉、蛋、奶等食物和适量的蔬菜、水果，补充粮油调料等。出门之前，可以带孩子一起清点家中的存货，确定好要买的东西，最好能记录在纸上或手机备忘录中。

学习挑选食材。如何挑选新鲜的食材，家长都有很多经验，每次给孩子讲一点，同时让他们亲自实践，时间长了，孩子也能学会如何挑选食材，总结自己的经验。

学会看食品包装上的信息。孩子在小学的时候就应该已经学会看食品包装袋上的保质期等信息了。除了让孩子养成关注食品保质期的习惯，还要让他们学会看配料表、营养成分表、储藏方式等信息。

● **和孩子一起收纳食物**

食品包装袋上一般都有关于储藏方式和保质期的说明。每次购物回家整理物品的时候，可以提醒孩子仔细看这些说明并按要求存放，也可以让孩子用记号笔将保质期等信息写在包装袋上。各种蔬菜、水果等新鲜食材的保存方法和保鲜期限，可以和孩子一起上网查询，在纸条或便笺上写下来，贴在冰箱上备忘。除此之外，告诉孩子家里各种容器（包装袋、保鲜盒等）的使用对象和方法也是非常必要的。

● **一起清洁厨房用品**

小学时，孩子的清洁工作主要是擦桌子、洗碗，现在可以逐步让孩子了解各种清洁用品的使用对象和使用方法了，比如刷锅，擦洗各种厨房小电器、灶台和墙壁，清除水垢和油污等需要用到哪些工具和清洁剂。定期擦洗冰箱和抽油烟机的工作也可以带着孩子一起干。

● **学习复杂一些的烹饪技术**

初中的孩子已经有能力学习复杂一些的烹饪技术了，可以从孩子喜欢吃、制作难度较低的食物入手。以做菜为例。第一步，让孩子打下手，帮着准备食材，让他们熟悉整个做菜流程。第二步，让孩子尝试制作一道菜，家长打下手并在一旁看护，在必要的时候进行提醒，完成后要及时给予孩子表扬和鼓励。第三步，让孩子独立完成一道菜品的制作，然后和孩子一起品尝，家长要积极点评并适当提出改进建议。为了提高孩子做菜的成功率，可以让孩子多实践前两步，克服恐惧，提升对做菜的信心，保持对烹饪的兴趣。

当孩子做得不太满意或者失败时，要肯定他们的努力和成功的部分，和他们一起分析失败的原因，鼓励他们继续尝试，和孩子分享自己刚学做菜时的失败经历也是一个好办法。

帮助孩子打造他们的拿手菜也是提高孩子烹饪兴趣的一个办法。让孩子把一道菜做好，每次都能得到赞扬，这会让他们很有成就感，逐渐成为烹饪小能手。

烹饪也要学会举一反三。比如孩子学会了煮面条，还可以引导他们尝试将各种蔬菜、肉类等加入面条同煮，或是学习打卤面、炸酱面等各种风味面条的做法。

● **今日我当家**

孩子学会制作的食物种类逐渐增多后，可以请他们为全家人准备一顿午餐，在做午餐之前，家长可以和孩子把家里现有的食材列出来，然后根据食材确定菜单，再根据菜单决定先做什么后做什么。也可以提前确定好菜单，然后根据菜单去购买食材。总之，让孩子拥有更多的决定权，会提高他的主动性和积极性。当然，也别忘了多夸夸孩子，让他更有成就感。

● **美食欣赏**

去饭馆是品尝不同风味特色美食的好时机。可以和孩子聊聊餐馆的特色菜，如菜品的烹饪方法、口感、颜色搭配、摆盘配器等。

旅游也是一个欣赏各地美食的好机会。出行之前，可以和孩子一起做美食攻略，了解当地的饮食文化。

还可以和孩子一起看一些美食节目，感受中国饮食的丰富多彩，以及中国人对美食的热爱和传承，体会中国饮食文化的源远流长。

引导孩子保持健康生活状态

亮亮上了初中之后，作业比以前多了很多，可是他做作业的时候，总是忍不住玩一会儿手机，所以他经常很晚才能做完作业，这也导致他很晚才睡觉。由于睡眠不足，亮亮经常晚起，有时早饭也来不及吃，就得匆忙赶去上学，上课时总是打瞌睡。为了不饿肚子，亮亮就在课间悄悄吃零食。到了周末，亮亮更是打游戏打到深夜。爸爸妈妈担心继续这样下去，时间长了，会影响亮亮的学习和身体健康。

上中学后，孩子的学习任务增多，接触到的人和事、受到的各种诱惑也变多。家长要帮助孩子做好时间管理，抵御不良诱惑，养成健康、规律的生活习惯。家长首先要做表率，运用榜样的作用潜移默化地影响孩子，并抓住各种合适的时机引导孩子，这样做的效果要比单纯的说教好。

● **规律的一日三餐**

规律饮食的习惯会影响孩子的未来，成为他们长大后生活的模板。规律的一日三餐，特别是营养充足的早餐，对孩子来说非常重要。上学期间，家长精心准备的早餐、晚餐，是培养孩子健康饮食习惯的基础。

● **计时器来帮忙**

成年人专心做一件事情时都会忘记时间，何况孩子！但如果家长总是不断提醒孩子做这做那，既不利于培养孩子的自我管理能力，也容易引起孩子的逆反情绪，影响亲子关系。让孩子了解时间管理的意义并一起制定相应的规则后，就可以用计时器来帮忙了。计时器可以用在很多场景，如提醒孩子做作业期间定时起来活动、限制孩子看手机的时长、做运动计时等。让孩子选择自己喜欢的计时器，他们可能会更喜欢使用。当然，也可以使用手机中的"计时器"，但如果手机放在旁边，孩子忍不住总想玩手机，就不合适了。

● **搞卫生不是小事**

保持个人卫生和家庭卫生，虽然做起来都是些琐碎小事，但良好的习惯会伴随人的一生，让孩子终身受益。可以根据家里的条件、季节和天气的变化、孩子运动量以及身体健康状态等多方面因素，和孩子约定什么时候洗澡、什么时候换衣服、换下来的衣服放在哪里等。还可以让孩子整理和打扫自己的房间甚至整个家，换洗床单、被褥时也可以让孩子参与。让孩子始终生活在整洁的环境中，并让他付出自己的努力保持这份整洁，能让孩子习惯、喜欢并乐于保持整洁的环境。

● **制订假期计划**

上学期间，有学校时间和课程安排，孩子每天的生活相对规律。到了假期，就是考验孩子自我管理能力的时候。家长可以和孩子讨论假期安排，约定好每天必须要做的事情，包括每天都要进行适当的运动、打扫卫生等，每天的作息时间也要跟上学的时候差不多。假期具体计划的制订要以孩子的意见和想法为主，这样他才会更愿意执行。

- **家长做好表率**

孩子觉得自己长大了，有时会做一些他们认为很"成人"的行为，比如吸烟。吸烟有害健康，但如果家长自己吸烟，和孩子讲吸烟的危害、禁止孩子吸烟就很没有说服力。所以，家长首先要做到自己不吸烟，做好表率，孩子吸烟的可能性就会小得多。

- **利用适当时机**

当听到或看到有关毒品的报道时，特别是报道中提到一些在青少年中传播的隐蔽性很强的毒品时，一定要及时抓住契机和孩子聊一聊毒品的危害。也可以和孩子探讨为什么制毒、贩毒会受到法律的严惩等，加强孩子对毒品危害的认识。

每年12月1日是世界艾滋病日，家长也可以利用这个机会和孩子聊聊艾滋病对人类身体健康的影响以及它的传播途径，让孩子建立起初步的防范意识。

教孩子监测健康、应对突发疾病和意外

晚饭的时候，小敏和妈妈聊天："今天做操的时候，有个同学突然晕倒了。"妈妈连忙问："后来怎么样了？"小敏说："老师过去把他扶到阴凉处歇了一会儿，然后送到医务室去了。"停顿了一会儿，她有些担心地问妈妈："他为什么会突然晕倒呢？"

孩子上初中以后，不再像小学阶段那样，时时都处在成人的监护之下，他们有更多的机会和时间独处或跟同学在一起活动，对自己身体的了解更多，分析问题、解决问题的能力也更强。家长有必要让孩子了解更多身体健康、常见疾病与紧急情况处理的相关知识。由于孩子的经验不足，家长不能只是给他们传授相关知识，还需要在生活中结合实际情况教给他们具体的处理方法。

家长可以抓住适当的时机，从孩子关注的现象或症状入手，和孩子交流产生的原因、对策以及预防等知识。

● **听到相关新闻时，和孩子一起分析探讨**

以学校有同学晕倒这件事为例，可以跟孩子聊一聊晕倒的原因，比如低血糖、低血压、贫血、中暑、颈椎病等，以及这些又是如何产生的，看到有人晕倒应该怎么做，自己应该如何预防等，还可以结合孩子的身体情况提出有针对性的建议。

● **和孩子一起分析体检报告**

孩子上学期间会有定期的体检，家长可以和孩子一起分析体检报告。孩子通常比较关心自己的身高、体重，如果发现有偏瘦或偏胖等情况，家长可以和孩子一起分析原因，找出改进方法。如果有血液检测，可以和孩子一起看一看检测到的各项数值具体是多少，并引导孩子与参考值进行对照，关注和重视指标异常情况。

● **和孩子一起整理家庭药箱**

家里通常会准备一些常用药品，每隔一段时间可以和孩子一起整理，告诉他在出现什么症状的时候可以用哪些药品，并教孩子学会看药品保质期，找出过期药品，拆除包装，统一扔进有害垃圾桶里。

● **和孩子一起准备旅行常用药品**

出门旅行时，我们通常会带一些应急药品，可以告诉孩子需要根据季节和目的地的不同，选择不同的药品，内服药和外用药要分别包装。家长指导孩子整理几次旅行应急药品后，下次出门旅行前，可以试着让孩子自己准备药品，家长检查，如需调整，要告诉孩子原因。如果孩子做得好，要及时给予鼓励和表扬。

- **孩子生病时，和他们一起阅读药品说明书、查看化验单**

在孩子生病但不是特别难受的情况下，和孩子一起看看医生开的药都有哪些，一起阅读药品说明书，了解药品的作用、服用方法以及有无副作用等。如果孩子做了化验或检查，也可以和他们一起查看化验单或检查报告，让孩子了解自己的病情以及一些相关的医学知识。

- **引导孩子关注自己的视力**

平时要让孩子自觉注意用眼卫生，每个假期过后都要带孩子去医院检查视力。对于还没有近视的孩子，要尽量避免和延缓近视的发生，对于已经近视的孩子要尽量避免度数的快速加深。让孩子知道近视，特别是高度近视会给学习和生活带来不便。同时也要告诉孩子，如果发现看远处的东西比较模糊，要及时告知家长，家长要带孩子去看医生，避免加快近视的发展。还要让孩子知道近视手术不是万能的，不要觉得近视了没关系。

- **孩子爱"臭美"，家长巧利用**

到了初中，孩子开始注意自己的外在形象，这是正常现象。家长可以利用孩子的这种"臭美"心理，提醒孩子注意自己的体态。比如，照镜子的时候看看自己有没有高低肩、是否驼背，走路的时候看看自己是不是长短腿、八字脚等。要让孩子知道这些体态问题对身体健康有一定的影响，发现后要及时纠正。家长也可以和孩子一起检查桌椅的高度、枕头的高度是否合适，提醒孩子不要久坐，在生活中注意保持良好的姿势，避免形成不良体态。

- **倡导健康生活方式，预防疾病**

让孩子了解什么样的生活方式是健康的，以及保持健康生活方式的重要性，然后让孩子发挥主观能动性，安排自己的生活，家长给予必要的指点。家长要以身作则，做到饮食规律均衡、讲卫生、多运动、保证睡眠充足，给孩子做个好榜样。如果孩子有做不到的地方，可以和孩子一起商量解决的办法。

- **让孩子学习急救知识和技能**

可以参加学校和红十字会等机构组织的各种急救培训，学习急救知识和技能，让孩子知道遇到意外情况应该做什么，不应该做什么。但毕竟孩子还小，家长要提醒他们遇到紧急情况时尽可能寻求附近成年人的帮助，比如在地铁里，可以寻求车站工作人员的帮助。必要时可以拨打110、120等紧急救援电话。去地铁站、火车站、飞机场或其他公共场所的时候，可以和孩子一起寻找哪里有自动体外除颤仪（AED），留意紧急通道在哪里等。

- **正确看待并及时治疗心理疾病**

这个阶段的孩子心理波动较大，家长要尽可能多和孩子沟通、交流。告诉孩子如果发现自己长时间焦虑、抑郁，可以咨询学校的心理辅导老师，同时也要及时告诉家长，让孩子知道焦虑、抑郁是一种普通的疾病，是可以治疗的，家长会提供帮助，不用过于担心。

指导孩子安全地独立出行

周末一般是妈妈陪梦梦去上兴趣班，这天，梦梦对妈妈说："妈妈，以后你不用陪我，我自己去。"妈妈听了非常担心："自己去能行吗？路上出事儿怎么办？"梦梦说："露露就是自己去上课。"妈妈想：是啊，别人家孩子行，我家孩子怎么就不行呢？

要放孩子"单飞"，家长都会有些不放心，然而，孩子渐渐长大了，开始想要离开家长的羽翼，这通常是孩子成长必经的过程。

家长之所以担心，其实是对孩子的独立能力没有信心，怕他们在路上遇到危险。为此，家长要做的就是一步一步地培养孩子的独立能力，让孩子的"翅膀"变硬，这样孩子就有能力"单飞"了。

- **熟悉交通规则**

孩子独立出行，会有步行、骑车、乘坐公交车或地铁等多种方式，家长要在孩子独立出行前帮孩子熟悉各种相关的交通规则，比如，骑车时要走非机动车道，乘坐公交车时要注意上下车都要刷公交卡等。

- **步行**

孩子独自步行去上学前，要让孩子知道如何在人行道上、胡同口、单位大门前等地方避开各种车辆。家长可能担心一些问题，如遇到意外情况、遇到不明身份的人等，可以提前和孩子描述相关情境，让孩子模拟应对，提醒孩子遇到突发情况一定要及时和家长取得联系，不能自作主张改变行程。

- **独自骑车出行**

我国相关法律规定，未满 12 周岁的孩子不得独自骑自行车上路。当孩子年满 12 岁，是否能骑行上路，还需要家长进一步考察，考察的内容包括孩子的体力、骑车技术、心理素质、应变能力等。

如果孩子是骑自己的车，要让孩子掌握最基本的车辆保养方法，比如学会判断自行车是否需要打气，如何给自行车打气等。要经常检查车闸是否正常，如果发现异常要及时处理，以消除安全隐患。

如果是骑共享单车，家长可以带孩子一起骑几次，让孩子学会共享单车的开锁方法，了解停放规则，遇到有问题的

车时知道该怎么处理等。提醒孩子骑车前一定要检查车闸是否好用。

● 独自乘坐公交车或地铁

家长平时和孩子一起乘坐公交车或地铁时，要有意识地教孩子识别公交站或地铁站的各种标识、学会刷卡、学会判断车辆行驶方向。尤其是在地铁站里，孩子要能够找到正确的出口，可以在成人的监护下让孩子多尝试几次，如果孩子能做到不用成人提醒，就可以考虑让孩子独自出行了。可以从距离比较短、孩子比较熟悉的路线开始尝试，最好与同学结伴而行。出门前保证孩子的手机或电话手表已充好电，以便让孩子能随时和家长保持联系，家长也可以通过手机实时位置共享功能或电话手表定位功能随时了解孩子的位置。

● 学习导航软件的使用

导航软件能够给出行带来很多便利，孩子学会使用导航软件，可以规划自己的出行路线，实时确定自己的位置，确保不迷路。

教孩子安全使用常用的家用电器和工具

"妈妈，电扇怎么不转了？"桐桐着急地在屋里喊。妈妈正在厨房做饭，就让桐桐先等一会儿。过了一会儿，妈妈来看了看电扇，发现它的电源指示灯没亮，是电源插头松了，就把插头重新插了一下，电扇就又转了起来。妈妈说："你看，多简单的事儿，其实你自己也能解决。"桐桐委屈地说："我怎么知道是插头松了呢？我还以为电扇坏了。"

孩子一天天长大，眼看着身高都赶上家长了，但是没接触过的事情还是不知道该怎么做。现在的孩子玩电子产品都是"自来熟"，但是不等于他们就会解决"电扇不转"这类简单的电器故障。

家长在日常生活中要给孩子机会去操作使用各种家用电器，遇到故障也要带着孩子一起分析解决。尤其是一些常见的简单问题，要让孩子逐渐学会自己解决。

● 购买新电器

家里要购买新电器时，可以让孩子参与，一起了解产品的价格、功能和各种参数，将了解到的内容记录下来以便进行对比，这对孩子来说是一个学习的过程。家长要认真对待孩子的意见，如果出现分歧，可以各自说一说理由，一起商量后再做出决定。新电器买回来之后，可以请孩子一起拆包装、阅读说明书、试用各种功能，特别要注意产品的安全提醒。孩子学会操作以后，可以让孩子教给其他家庭成员。这对孩子来说是一次再学习的机会，也会让孩子很有成就感。必要的话，可以让孩子把操作说明和安全提醒写在一张纸上，贴在电器上或附近的适当位置，提醒家人。

● 多"支使"孩子

在保证安全的前提下，多让孩子操作家用电器，并让孩子尝试各种功能。比如开空调的时候，可以对孩子说"把温度调到 28 度""把风量调到最小""把风向调成向上"等，让孩子熟悉各种操作。

● 电器出故障时

电器出故障的时候，可以让孩子帮着找出说明书中的"常见故障"部分，找到相应的故障现象，让孩子读出上面的解决办法，然后一起尝试解决。以后再遇到类似故障时，家长可以询问孩子上次怎么解决的。如果孩子能正确回答，一定要夸奖孩子。如果孩子答不上来或回答不正确，就和孩子一起再读一次说明书。如果遇到自己无法解决的问题，就在说明书上查找售后服务方式，联系厂

家客服。经常带着孩子这样做，孩子就能逐渐学会解决问题的方法。

在孩子学习电路的知识之后，也可以结合孩子学过的知识询问孩子相关问题，比如灯泡坏了该怎么换，燃气灶的电池应该怎么更换……

● 学习使用工具

要充分利用中学这几年，和孩子多交流生活经验，因为中学毕业之后，孩子可能就要独自面对生活了。钳子、改锥、锯、锤子、针线……这些常用的工具，有机会使用时都要让孩子学一学。比如家具的螺钉松了，自行车要换一把新锁，衣服的扣子掉了……当生活用品出现了一些小问题需要加工、改造、修理或者需要用一些材料制作一些用品时，都会用到各种工具。家长在处理这些事情时记得叫上孩子一起干。开始时可以让孩子帮忙，别忘了表示感谢。等孩子掌握了一些技能，能够独立操作时，别忘了夸奖孩子。

让孩子学会适应社会

引导孩子主动适应新环境

小文接到了初一的入学通知书,她兴奋地拿给爸爸看,爸爸说:"祝贺你成为一名中学生了!不过,中学的学习科目特别多,作业也多,还有各种考试,初中的老师也比小学的管得严,你可要做好心理准备啊!"小文顿时感觉压力好大,她想:"如果我的学习跟不上怎么办?老师和同学不喜欢我怎么办?"

从小学升入初中是孩子人生的一个重要转折点,初中生活不是小学生活的简单延续,学习环境、学习方式都会发生比较大的转变。进入初中以后,孩子面对的可能是陌生的学校环境、陌生的同学和老师。学习科目的增多,难度的增大,也会让很多孩子倍感压力。孩子需要逐步提高适应环境、应对挫折、自主学习的能力,养成良好的学习习惯,包括有计划性、条理性、专注性等;培养良好的阅读习惯,能够正确认识自我、了解自我并建立自信;

提升与他人沟通、合作、互助及处理矛盾和分歧的能力。

面对初中生活，如果孩子缺乏准备，且不能及时调整，就会出现入学不适应的状况。家长作为过来人，要适度地进行引导，帮助孩子做好入学的准备，提前建立对新学校的信心和期待，缓解他们的入学焦虑。

● 重视入学通知书，提前了解新学校

拿到入学通知书后，跟孩子一起阅读通知书中的内容，并郑重地告诉孩子："你长大了，你是一名中学生了！"这样可以激发孩子的自豪感和自信心。和孩子一起关注新学校的官方网站或者公众号，提前了解学校的历史、之前组织过的活动等，共同畅想新学校的学习生活。有条件的话可以带孩子参观新学校，提前跟新学校的老师沟通。还可以创造条件认识新学校的高年级同学，让他们讲一讲自己的学校生活，提前了解初中阶段需要学习哪些科目。必要的话，可以借阅初一的课本，利用暑期时间提前预习，做好新学期的学习规划。

● 巧妙地利用孩子对新学校的新鲜感

当孩子怀揣着新奇和兴奋跨进中学的校门，看到的是新校园，结识的是新同学，讲课的是新老师，周围的一切都充满了新鲜感。家长可以利用新的环境激发孩子对中学生活的美好憧憬和进步向上的愿望，燃起孩子想要让学校、老师和同学认识自己的热情。对于在小学阶段各方面都优秀的孩子，要鼓励他们继续认真地对待初中的学习，预祝他们会有好成绩；对于在小学阶段学习成绩欠佳，表现不够理想的孩子，要鼓励他们重新开始，端正学习态度。千万不要当着老师或同学的面揭孩子的"老底"，以免挫伤他们的上进心。

家长也要第一时间和新老师建立联系，如果孩子有特殊的情况，要及时跟老师说明，并表示未来会积极配合学校，共同教育孩子。

● 了解孩子在初中可能会遇到的困难，和孩子一起面对

与小学相比，初中增加了许多新的学习科目，如历史、地理、生物、物

理、化学等，而且这些科目都纳入了学业水平考试的范围，学习负担明显加重，许多孩子会顾此失彼，觉得难以应付。学习科目增多，知识量明显增大，如果没有良好的学习习惯、科学的学习方法，时间长了，孩子的成绩就容易受到影响。同时，初中的知识较小学的要抽象一些，孩子理解起来有一定难度，也会有不同程度的学习压力。此外，当孩子发现周围优秀的同学有很多，心理也容易产生落差。这些都是孩子进入初中后可能遇到的困难。

家长要帮助孩子以良好的心态面对即将开始的初中生活，引导孩子合理分配自己的时间和精力，如制订科学的作息时间表，合理分配各科的学习时间等。对注意力薄弱的孩子，家长可以带孩子进行专门的专注力训练。引导孩子学会调整自己的情绪，让孩子明白面对优秀的同学有心理落差是正常的，要客观面对这种现实情况。除此之外，家长还要及时了解孩子入学后的适应情况，及时与老师沟通并采取相应措施，帮助孩子适应未来的学习与生活。

● **正确引导孩子建立新的人际关系**

这一阶段，孩子生理、心理飞速发展，面临的人际关系也更为复杂。孩子在人际交往中受挫，会直接影响情绪甚至间接影响学业。家长要引导孩子重视自己的人际关系，提高交往的主动性，比如主动和新老师、新同学打招呼。帮助孩子了解哪些品质更受欢迎，一般情况下，热情善良、乐观向上、文明有礼、宽容真诚等都是能吸引同伴的品质。同时，要让孩子学会换位思考，理解对方的感受，只有让对方感到被尊重与被理解，友情才能持久。

引导孩子用适宜的方式应对负面情绪

期中考试结束了，小艾的成绩不太理想，好朋友小敏问她的成绩，她大发脾气："问什么问，我考得不好，你满意了吧！"发过脾气后，小艾很后悔，她沮丧地回到家。妈妈问："为什么不开心啊？"小艾说："我期中考试没有考好，还跟小敏发了脾气。"

　　青春期是孩子身心发育过程中的一个重要阶段，青春期的孩子会面临诸多困惑和挑战，情绪波动也会比较大。这是因为大脑中主要掌管判断、逻辑推理、行为执行、控制冲动等的前额叶皮质还没发育完全。在情绪冲动下，孩子往往会说一些伤害别人的话，或者做一些让自己后悔的行为，之后却不知道该怎么应对。

　　有效的情绪调节能够降低应激水平、减少负面情绪，提高青少年心理健康水平，促进人际关系的和谐发展。家长要帮助孩子保持稳定的情绪，让他们学会调节情绪，掌握合理表达情绪的方法。家长还需要多倾听孩子的想法，用讨论、分享的方式鼓励孩子表达自己的观点，并给孩子提一些建设性的建议，引导他们进行自我调整，积极面对学习和生活中的问题和挑战。家长还需要多和孩子沟通，尝试理解孩子的内心感受，给予他们情感上的支持和安全感。

● **和孩子一起了解负面情绪，接纳自己的情绪**

　　当孩子感到愤怒、悲伤、沮丧时，家长要关注孩子的内心感受，同时，也要让孩子知道家长是理解自己的。家长可以这样表达自己对孩子情绪的理解，例如，"我知道你考试没有考好，现在很沮丧。""你刚才发脾气了，我知道这件事让你很生气。""我知道好朋友骗了你，你很伤心。""马上就要考试了，我感觉到你很焦虑。"让孩子接纳自己的负面情绪。

● **经常与孩子沟通交流，做孩子的倾听者**

　　想要疏导孩子的情绪，家长要先学会倾听孩子的心声，了解负面情绪产生的原因。孩子是渴望得到家长的认可和理解的，家长想要更多地了解孩子，就要经常与孩子交流，

听听孩子的想法。在和孩子交流时，要把自己和孩子放在平等的位置上，给孩子同等的尊重和理解。在倾听的过程中，不要轻易打断孩子或者评价孩子，更不要不耐烦，以免打击孩子诉说的积极性。在和孩子沟通的过程中可以多问问"然后呢？你是怎么想的？"等，切记，无效沟通只会让孩子的情绪变得更坏。

● **引导孩子排解负面情绪，合理地表达情绪**

有些孩子不会正确地表达情绪，可能会通过破坏物品，如摔东西、撕书等方式发泄自己的负面情绪。愤怒的时候，还可能会说一些伤害别人的话，做一些伤害别人的行为。要知道，情绪本身没有问题，但不合理的情绪表达方式会让情绪具有一定的破坏性。因此家长要引导孩子排解负面情绪，教孩子一些合理表达情绪的方法。例如，深呼吸可以缓解紧张的情绪，也可以让处于愤怒中的人平静下来。听舒缓的音乐有助于缓解焦虑的情绪。跟家长或朋友倾诉能帮助排解郁闷的心情。如果不愿意告诉别人，写日记、画画也是非常好的调节情绪的方法。

● **为孩子建立支持系统**

稳定的支持系统能够帮助孩子更好地应对学习与生活中的挑战、压力和挫折，这个支持系统包括家长、亲属、同学、朋友、老师等。当孩子有负面情绪、不愿意告诉家长时，家长可以通过支持系统为孩子提供帮助。例如，当孩子对学习失去信心时，可以请老师来开解孩子，老师的鼓励和帮助对孩子可能更加有效。当孩子遇到同伴交往困扰时，可以请孩子的朋友来帮忙，好朋友的开解孩子会更愿意听。家长可以积极参与孩子的生活，与孩子的同学、朋友、老师建立联系，以便孩子得到必要的支持和指导。

● **培养孩子积极乐观的心态**

积极乐观的心态可以帮助孩子更好地适应新环境，也有助于缓解孩子的负面情绪。家长可以用自己的行为和积极的生活态度来影响孩子，让孩子学会积极面对生活和学习中的困难和问题，乐观看待生活。比如，家长可以带孩子发现生活中的美好事物，养成乐观向上的态度；还可以随时给孩子指出生活中值得品味的各种细节，并用拍照、录像进行记录，有空的时候可以跟孩子一起翻看、回顾这些美好的瞬间。

引导孩子探索自我，丰富内心世界

小南最近喜欢上了一位说唱歌手，平时会经常浏览他的微博，有空余时间就看他比赛的视频，连穿着打扮也开始模仿他。妈妈认真看了看这个歌手的视频，觉得他歌唱得一般，长相也平平，认为小南作为一个女孩，总是模仿男歌手的打扮，看上去很奇怪。

青春期的孩子开始探索并检验自我的心理特征，他们会寻找一个偶像或者榜样，通过模仿偶像或榜样的言行来表达自己的爱好和个性。家长要帮助孩子建立正确的价值观，培养积极的兴趣爱好和健康的审美追求。还可以鼓励他们保持好奇心并主动探索，丰富自己的内心世界。在探索过程中，孩子能更好地了解自己，形成健康的自我认同感。将这种探索迁移到学习中，有利于孩子发展良好的社交能力，成为影响孩子个性健康成长的重要品质。

● **提供多样化的体验，鼓励孩子探索自我**

孩子需要有多种多样的体验来支持自我探索。家长可以带孩子参加各种文化活动、游览活动、家庭活动等，也可以为孩子提供各种书籍、电影、纪录片等资源，让孩子获得不同的体验，丰富探索经验，提高自我探索能力。

初中阶段的孩子有更独立的思想，他们渴望摆脱家长的监督，渴望能够独立做决定。家庭是孩子生活的主要场所，家庭的环境和氛围对孩子的个性发展和价值观的形成有非常重要的影响。家长要尊重孩子，把他们当作独立的个体，营造民主的家庭氛围，为孩子的自我成长提供更多的机会。在体验的内容和方式上给予孩子足够的尊重，让孩子自主选择。当然，家长也不能一味放手，要给孩子设立适宜的边界，明确底线，让孩子在安全的范围内自我探索，不断地认识自我。

● **正确引导孩子进行自我探索**

在孩子自我探索的过程中，家长的角色至关重要。家长应该帮助孩子认识自己的性格特点，引导孩子探索他们感兴趣的领域，让他们有机会尝试不同的活动和游戏。这样可以帮助他们找到自己真正的兴趣，并乐在其中。

自信心对孩子来说也非常重要。家长要用正确的方法和积极的言语鼓励孩子，帮助孩子建立自信心，让他们相信自己能够在未来取得更大的成功。在鼓励孩子的时候，避免使用"你真聪明！""你真棒！"这类笼统的语言，可以采用"我发现（注意到）＋具体行为＋描述"来完成。例如："我发现你今天主动清洗了碗筷，而且非常干净。""我注意到你今天写作业很专注，很快就完成了。"

孩子在自我探索时难免会遇到挫折和失败，家长应该给予孩子足够的支持和鼓励，让他们学会接纳失败，积极承担失败的后果，并将失败看作学习和成长的机会。家长还应该关注孩子的思想和行为，帮助他们建立自己的价值观，以便他们更好地面对生活中的各种挑战和困难。

孩子的自我探索也需要一个良好的学习和生活的环境，最重要的是，家长要给孩子足够的爱与关注，让他们感受到家庭的温暖和支持。

● **培养孩子健康的审美观，拓展内心世界**

美，是人类永恒的追求。随着孩子年龄的增长和知识的丰富，外部世界对他们的吸引力在逐渐减弱。学业压力的增大，学习时间的增多，也使这个年龄段的孩子可能更愿意独自在家，外出越来越少。因此，家长要培养孩子的审美情趣，积极拓展和丰富他们的内心世界。

为孩子提供郊游、旅行的机会，带孩子走进大自然，感悟自然和生命之美，培养孩子尊重自然、珍爱生命的意识。在旅途中，可以教孩子用相机记录美好瞬间，然后和孩子一起制作相片墙或者电子相册，经常与孩子一起回忆旅行中的美好。鼓励和支持孩子发展兴趣爱好，启发孩子发现、享受生活中的美，并乐于创造美。有条件的话，可以带孩子欣赏音乐剧、话剧、艺术展等，鼓励孩子多接触艺术作品，让他们感受艺术的魅力。上艺术类兴趣班也是一种方式，但一定要尊重孩子的意愿，以培养审美情趣、提升艺术素养为目标。还可以和孩子共读一本书，一起探讨书中的人物、故事、观点等，鼓励孩子撰写读书心得并养成习惯。经常关注孩子在读什么书，让孩子为家长讲一讲书中都写了什么，引导孩子阅读优秀的文学作品，帮助孩子提高文学审美水平。

● **帮助孩子树立目标，并鼓励孩子努力去实现**

内心丰富的人一定会有自己的愿望和目标，并愿意为之持续地付出努力。家长可以经常和孩子讨论关于未来的话题，帮助孩子树立目标。大的目标可以是未来要成为一个怎样的人，从事什么样的职业；小的目标可以是未来要上一所什么样的高中，下次考试取得什么样的成绩，或者假期要读完哪本书，学会什么技能等。

告诉孩子行动的重要性，"说一尺不如行一寸"，任何计划最终必然要落实到行动上。只有行动才能缩短自己与目标之间的距离，只有行动才能把理想变为现实。在孩子努力实现愿望和目标的过程中，可以适时地对孩子的付出做出评价。要以正面激励为主，调动孩子主动实现目标的积极性。如果孩子没有行动，适当给予提醒，鼓励孩子积极行动。

引导孩子妥善处理同伴交往问题

小乐最近回家总是闷闷不乐，妈妈问她怎么了，她也不愿意说。一次偶然的机会，妈妈听到她跟好朋友诉苦，说最近敏敏和思思都不愿意跟她玩儿，总是有意无意地忽略她，她觉得是不是自己不够好。

良好的同伴关系可以为青少年提供重要的心理支持和安全感，在孩子进行探索、经历情感波动或应对挑战的过程中，良好的同伴关系可以让他们感到被理解、接受和支持，从而增强归属感和自信心。在与同伴的交往、互动中，他们有机会深刻了解自己的情感，建立自己的价值观，厘清自己的发展目标，学会反思并发展出独特的人格。良好的人际关系还可以提升孩子的社交能力，包括与人沟通的能力、倾听能力、协调能力、合作能力、解决问题的能力等。这些能力都关系着孩子未来的成功与幸福。

这一阶段是孩子最渴望被人理解和认可的时期，他们迫切地想要寻找同龄知己，渴望被班级、同学接纳以获得归属感。当孩子和同学产生矛盾，或者感觉被忽视、冷落、孤立，孩子的情绪都会受到较大的影响。

● 帮助孩子形成正确的择友观

除了家人和老师，朋友也是能使人敞开心扉沟通交流的对象。交友是孩子的正常需求，家长要帮助孩子树立正确的择友观。要让孩子知道只有自尊、自信，保持人格独立，才会赢得别人的尊重。可以经常跟孩子探讨关于朋友的话题，让孩子知道在与人交往中要学会尊重别人的意见，但又不能盲从，要有自己独立的思想、见解，不人云亦云。有的孩子会在交友过程中委曲求全，不管对方的要求是不是合理，都会优先满足对方的要求。家长要引导孩子保持自我，对于不合理的要求要学会勇敢拒绝。

● 懂得如何维持或结束一段友谊

要让孩子知道友谊需要双方用心维持。当孩子抱怨朋友的问题和缺点时，家长要给予正确的引导，告诉孩子每个人都有缺点，朋友之间要多一点宽容，多一些理解。提醒孩子在与朋友相处时要注意边界感，不要用自己的标准要求朋友，只有严以律己，宽以待人，友谊才会长久。

同时，也要让孩子明白，不是每一段友谊都能走到最后。志趣不再相投或者在相处中无话可说、感觉尴尬，又或者友谊中出现了无法修补的裂痕，这些都有可能导致友谊的结束。如果是两人都希望结束这段友谊，那么只需要减少联系即可，友谊自然会慢慢淡下来。如果是其中一方想要结束这段友谊，就要跟对方讲清楚原因，并明确表达自己的想法。当一段友谊因为各种原因结束时，可能会对孩子的情绪产生消极的影响，处理不好也容易让孩子产生自我怀疑，这种时候可以让孩子通过写日记、听音乐、运动等让自己放松心情。

● **引导孩子正确处理与同学之间的矛盾**

青春期的孩子比较敏感，很容易因为一句话、一个动作甚至一个眼神就产生误会和矛盾。发生矛盾或冲突后，很多孩子往往因为处理不当产生新的矛盾。家长要让孩子学会如何正确处理与同学之间的矛盾，告诉孩子当内心充满负面情绪时，要先冷静。只有情绪平复了，才能做到有效沟通、友好沟通，才有机会进行换位思考，倾听对方的感受。家长在与孩子的沟通过程中也要注意方式、方法和技巧，让孩子潜移默化地习得沟通的方法和技巧，将其更好地运用到自己的人际交往中。

鼓励孩子融入群体，找到自己的位置

小宇是转学过来的，他发现班里的同学都有自己的小圈子，感觉自己似乎被排斥在外。他观察到班里有几个男孩经常在一起讨论游戏，为了融入他们，他瞒着家长下载了游戏，偷偷利用晚上的时间玩儿。一段时间过后，小宇终于能和那几个同学一起讨论游戏了，他觉得自己成功地融入了这个圈子，但糟糕的是，在随之而来的期中考试中，他考得一塌糊涂。

随着孩子生理、心理的逐渐成熟，他们的自我意识得到了有效发展，渴望得到他人，尤其是同伴的重视和认可。能否融入群体并从中找到归属感，是孩子能否平稳度过青春期的一个重要因素。有研究表明，孩子认同同伴，会根据同伴的行为来调整自己的行为，从而实现社会化并发展自己的人格，这种现象被称为"群体社会化"。很多孩子因过分重视同伴的认可，可能出现一些偏激的言行。

青少年时期，孩子独处及与同伴相处的时间不断增加，相应地与家长相处的时间就会减少。因此家长要经常与孩子沟通，了解孩子在学校的学习与生活，及时发现孩子的变化、遇到的困难等，引导孩子分析背后的原因。

● **了解孩子不能融入群体的原因**

孩子无法融入群体的原因有很多，有些孩子是因为不知道如何正确地与人交往，他们喜欢用动作或者自以为有趣的语言来吸引同伴的注意，有时他们的行为还具有一定的攻击性，容易引起同伴的反感与排斥。对于这部分孩子，家长要让孩子学习与他人交往的技巧，告诉孩子有些动作和语言容易引起别人的误会。有些孩子是因为不愿意接受同伴的批评或拒绝，会主动回避以免使自己陷入窘境。对于这部分孩子，家长要多一些鼓励，为孩子多创造一些与人交往的机会，帮助孩子用正确的方法获得同伴的认可和群体归属感。

● **正确引导孩子认识自我，培养受人喜欢的特质**

认识自我，是孩子建立自信和适应社会的基础与依据。家长要帮助孩子正确认识自我，知道自己的优点和长处，了解自己的缺点和不足，并用积极的态度面对自己的不足。要让孩子认识到自己也许不是最优秀的，但一定是独一无二的，对自己充满信心。让孩子学习一些应对外部世界的技能，引导孩子发展出受人喜欢的特质，以便孩子更好地应对外面的世界。别忘了提醒孩子要待人宽容，接纳别人的短处，包容别人的不足。告诉孩子心胸决定着一个人的高度和涵养，越是心胸开阔的人，就越容易吸引同伴。

● **引导孩子加入适宜的群体**

家长要多关注孩子的校园生活和学业情况，积极融入孩子的生活与学习。在适当的时候要多跟孩子沟通交流，聊一聊关于朋友的话题，如在班级中你愿意跟哪些同学相处，为什么愿意和这些同学相处，等等；了解孩子的同伴交往情况。家长可以根据实际情况判断是否支持和鼓励孩子的同伴交往。如果觉得不合适，也不要责骂孩子或者严令制止，要尊重他们的友情交往，并平等地与孩子沟通更多的交往细节，和孩子一起分析后，提出朋友式的劝告。

引导孩子学会用批判的态度来思考、分析、评判伙伴关系对自己的影响，再决定有没有必要继续维持友情。如果给自己带来了不好的影响，就要考虑终止或改变。要让孩子学会把握尺度，不能过分重视这个群体，盲目跟风，或委屈自己做一些不正确的言行；也不能以自我为中心，要求群体中的伙伴都听自己的。

如果发现孩子在群体交往中遇到了困难或麻烦，家长要及时帮助孩子疏导、调解矛盾。如果发现孩子受到了群体的不良影响，要引导孩子慢慢脱离这个群体；若自己无力帮助孩子解决，应及时寻求心理工作者或公安、司法部门的帮助。

● **让孩子学会享受独处与社交**

　　社交与独处是人生中不可或缺的两种状态。社交让我们能与他人进行沟通和交流，独处则让我们有时间进行思考，帮助我们认识自我，发展自己的兴趣和爱好。每个人对于社交与独处的需求和偏好都不尽相同，会受到性格、经历等多种因素的影响。家长要让孩子学会享受社交与独处。

　　家长不要强迫喜欢独处的孩子去社交。如果孩子更享受独处，可以多给孩子一些时间和空间，让孩子做自己喜欢的事情；如果孩子更喜欢社交，可以多创造一些机会，让孩子提升自己的社交能力。

培养孩子成为合格公民

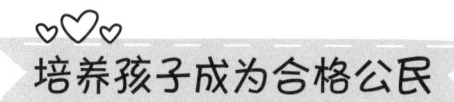

培养孩子适度消费、绿色环保的观念和习惯

骁骁上初中后,花钱就开始大手大脚,零花钱总是不够用。有时他会偷偷用妈妈的手机给自己转账,妈妈知道后断了他的零花钱,还更改了手机密码。骁骁对此非常不满,和妈妈大吵了一架。

孩子刚刚升入初中,心智发展还不够成熟,如果没有树立正确的消费观,他们很容易盲目消费。孩子花钱大手大脚主要受以下几个方面的影响。

同伴压力。初中阶段孩子的社交圈子扩大,人际关系变得更为复杂,同伴之间的比较和竞争,让他们希望通过消费来获得同伴的认同或彰显自我价值。

媒体的影响。各种平台上的广告和炫耀性消费文章的影响,让孩子产生了"我也想要"的心理,从而冲动消费。

家庭环境的影响。家庭的消费观念和消费习惯对孩子也有一定的影响。

如果家长过度消费，孩子会模仿这种行为。

● 培养正确的消费观

家长要有意识地培养孩子正确的消费观念，可以通过音视频等媒介，增强孩子对这个话题的认识和理解。让孩子了解每一件产品从原材料到制作到运输，都会消耗自然资源，引导孩子将自己的消费行为与自然资源的消耗联系起来，提倡购买有质量保证和实用价值的产品或体验。在消费之前想一想，即将购买的物品是不是现在迫切需要的，如果不是，可以不买。

家长要做好榜样，言传身教，在家庭中践行绿色生活方式，在潜移默化中影响孩子。

● 培养理财能力

适度消费意味着理性购物和有效管理财务。可以教给孩子一些基本的理财知识，包括规划使用零用钱、制订储蓄计划等，让他们知道如何做好预算并进行消费决策。比如，鼓励孩子列出购物清单，在比较价格和产品质量后再来决定值不值得买。

● 培养环保意识

家长可以鼓励和引导孩子阅读有关环保的文章、书籍，观看相关的视频或纪录片，还可以与孩子一起参与社区或学校组织的植树活动、垃圾清理活动、环保讲座等，为孩子提供资源，创造机会，进一步激发他们的环保意识并鼓励他们将其融入自己的日常生活。培养孩子适度消费和绿色环保的观念和习惯是一个渐进的过程，需要家长耐心和持续地引导。

引导孩子与邻里和睦相处

小北发现楼道里堆满了自行车、三轮车，甚至还有正在充电的电瓶车。他将此事告诉了妈妈，妈妈说，她也发现了这个现象。小北担心地问："这样会不会有危险啊？我们应该怎么做才能避免发生危险？"

孩子上初中以后，他们分析问题、解决问题的能力更强，社会责任感也逐渐增强。但他们在处理邻里关系方面的经验不足，家长要在实际生活中结合具体问题，让他们学会处理的方法。

● 学会尊重他人

和谐的邻里关系建立在相互尊重、理解、包容的基础上。家长要告诉孩子不能随意损坏公共财产，不在楼道里追跑、喊叫，不在公共场所大声喧哗，并鼓励孩子多和邻居交往，学会尊重和理解有着不同文化背景和生活方式的邻居们。维持友好和睦的邻里关系有助于孩子更好地适应多元化的社会。

● 培养孩子的社交能力

良好的社交能力可以帮助孩子建立健康的人际关系。学会倾听和表达自己的观点，不仅有助于孩子建立友好关系，还能提高他们的自信心和自尊心。家长可以鼓励孩子多参加社区组织的活动，通过和其他孩子一起玩耍、学习和分享，学会合作和互助。

此外，我们还可以鼓励孩子主动与邻居交流或为其提供帮助，提醒孩子要注意以礼待人。发现某些邻居的不文明行为时，要选择合适的方式进行沟通，切忌口无遮拦、针锋相对，将小摩擦发展成大矛盾。提醒孩子面对自己无法解决的问题时，可以求助居委会或物业进行调解。

● 学会利用社区平台

家长还可以让孩子学会利用物业或社区搭建的邻里沟通平台，促进与邻里的和睦相处。社区邻居节、社区文化交流日、春节居民联欢会等都是很好的邻里沟通平台。

● 激发孩子的社会责任感

参与社区志愿服务也可以培养孩子的公益意识和责任感。通过参与志愿服务，孩子可以亲身体验到帮助他人的快乐和满足感。例如，参加社区清洁活动、义工服务等，不仅能增强孩子对社区的认同感，还能培养他们的合作精神和团队意识，激发他们的公益意识，也会让他们更加关注社区的需要，并主动参与到社区事务中。

同时，志愿服务也可以培养孩子的社会责任感，让他们明白自己对社会和家庭的责任，从而更加积极地为社区的发展做出贡献。社区是我们生活的基础，只有社区和谐发展，我们才能享受到更好的生活。参与社区志愿服务可以帮助解决社区中的问题，改善社区环境，提升社区居民的幸福感。

引导孩子理性分析问题，明辨是非

几名初中生因为一点校园琐事发生了口角，放学后约在校外的饭店门口打架，好几个人都受伤严重。大家都在网络上讨论谁是谁非。晚饭的时候，小西也和妈妈说起了此事，她有些担心地问妈妈："那究竟该怎么做才是对的呢？"

孩子上初中以后，不再像小学时那样经常处在成人的监护之下，他们有更多的机会独处或跟同学在一起活动，独自处理人际关系和解决问题的能力就显得尤为重要。

这个阶段的孩子考虑问题不够全面，容易冲动，在家庭、学校和社会中发生的各种事件都可能对孩子的成长产生深远的影响。就像孩子对打架斗殴这件事感到担心，是因为孩子不知道该如何避免发生这种情况，也不知道遇到这种情况该如何处理。

因此，家长、老师和社会各界应共同努力，为孩子提供正确的引导和教育，以帮助他们建立正确的价值观，除了讲授知识，还要在实际生活中结合具体问题教给他们处理的方法。

- **营造良好的家庭氛围**

家庭是孩子最早接触到的社会环境。父母是孩子的第一任老师，父母的言行举止对孩子的影响是无处不在的。因此，家长要做好榜样，在言传身教中引导孩子建立正确的价值观和道德观。可以在与孩子的日常交流和互动中引导他们正确地认识和分析问题，如当家庭出现分歧或者矛盾时，要耐心沟通，倾听对方的想法，及时解决问题，不逃避。此外，家长还应该鼓励孩子主动思考，培养他们独立思考和判断的能力，以便他们能够明辨是非。

- **主动做好家校配合**

学校是孩子学习和成长的重要场所。老师会通过各种教学活动或课堂讨论，帮助孩子学会分析问题和辨别是非。除此之外，学校还会组织一些社会实践活动，让孩子亲身体验社会问题，从而增强他们对问题的认识和理解。因此，家长要做好家校配合，积极参与学校的活动和课程，了解孩子在学校的表现和成长。

- **引导孩子学会理性分析**

初中生缺少社会经验，对于复杂而多样的社会现象，他们可能只看到了表面，很难发现隐藏的深层次的原因。初中阶段孩子的情绪波动较大，家长要尽可能多地和孩子交流，引导他们学会理性分析问题，培养理性思维和解决问题的能力。具体包括以下几个方面。

倾听和尊重：倾听孩子的感受和问题，尊重他们的情绪和观点，为孩子建立起信任和开放的对话环境。

提供正确的信息：为孩子提供准确、全面的信息，帮助他们理解问题的背景和相关的事实，引导他们从更客观的角度来分析问题。

鼓励批判性思维：引导孩子从多个方面思考问题，鼓励他们提出自己的疑问。

引导自我反思：鼓励孩子进行反思，引导他们认识到情绪可能会影响自己对问题的判断。

培养解决问题的能力：引导孩子寻找解决问题的方法和策略，并适时地为他们提供建议和指导。

鼓励孩子了解中华优秀传统文化和国家发展变化

国庆假期，爷爷奶奶带天天去游览圆明园，看着园内的断壁残垣感慨不已，嘱咐天天铭记历史，好好学习，以后为建设国家出一份力。天天说，老师给他们讲过这段历史，他将来一定会做个对国家有用的人！

受快节奏的生活方式的影响，有些家长疏于对孩子进行文化传承方面的教育，导致孩子对中华优秀传统文化的了解相对较少。因此，家长要与学校一起给予孩子正确的引导，加强相关教育，让孩子参与到丰富多样的文化体验活动中去，帮助孩子更好地了解、学习和传承中华优秀传统文化，树立正确的民族观念，理解国家的发展和面临的挑战，并鼓励他们为国家和民族的繁荣贡献自己的一份力量。

家长要在适当的时间，借助适当的事件，以积极、鼓励和开放的态度引导孩子关注身边的中华文化元素，为他们创造机会深入体会其中蕴含的优秀文化与价值，进而加深他们对国家的认同与理解。

● 了解历史，激发爱国情怀

可以通过阅读历史书籍、观看纪录片、参观博物馆或参加升旗仪式等途径，让孩子切身感受国家的发展历程和重大事件，帮助他们了解国家从过去到现在的转变和发展，坚定他们的爱国信念。

● **强调国家的重要性，培养国家认同感**

向孩子强调国家的重要性，以及国家在个人成长和社会发展当中的重要作用，让孩子明白国家的繁荣与自身的福祉息息相关，每个人都需要为国家和民族的进步贡献出自己的一份力量。还可以通过讲述历史长河中的家国故事，让孩子了解国家的历史文化与民族特色，激发他们对国家的认同感。

● **关注新闻和时事，展开思考与探讨**

鼓励孩子关注新闻和时事，了解国家发生的重要变化和事件，家长也可以一起参与，帮助他们理解事件的背景、原因和影响。当孩子对国家的发展和社会问题有了比较清晰的认识之后，还可以进一步鼓励他们参与讨论，思考如何解决问题，培养他们对国家未来的参与意识。

● **参加志愿活动，激发兴趣和参与感**

各种各样的志愿服务活动是孩子切身体验社会发展变化的重要途径。孩子可以自主选择自己感兴趣的活动，如社区服务、环境保护、文化宣传活动等。孩子能在奉献中收获为社会贡献力量的喜悦，也能激发自身对于国家和民族的责任感。

● **继承学习中华优秀传统文化**

中华上下五千年，沉淀出众多优秀的传统文化，如诗词、音乐、绘画、戏剧等。学校教育在大力推进中华文化的传承，家长也要提高自身的文化修养、营造良好的家庭学习氛围，帮助孩子了解传统文化的博大精深，培养他们对民族文化的兴趣和自豪感。

鼓励孩子涉猎多元文化，拓宽对世界的了解

暑假如期而至，小安跟刚刚高考完的哥哥小晓一起去广西旅行。一天，他们俩路过了一处瑶族民俗村，便好奇地进去参观游览。小安正要走进一座瑶家建筑时，小晓一把将他拉了回来，指着旁边竖着的一块指示牌说："进入瑶家忌穿白鞋、戴白帽，你今天穿了一双白色的鞋子，不能进到里面去。"原来瑶族还有这样的风俗习惯呀！小安不禁感慨。

受地理位置、历史、民族、宗教和语言等因素的影响，各地都有自己独特的文化，主要体现在文学、音乐、舞蹈、饮食、服饰、风俗民情、建筑风格、传统节日等方面。

家长要为孩子提供了解多元文化的机会和资源，进一步丰富他们的知识，拓宽他们的视野，引导他们用开放包容、兼收并蓄的态度尊重和欣赏不同的文化。

● **借助多样化资源，进行思考与讨论**

鼓励孩子阅读在不同文化背景下创作的小说、诗歌、民间故事和历史故事等，并和孩子一起讨论，让他们分享自己对不同文化的理解。此外，还可以为孩子提供更加多样化的资源，如有着不同文化背景、涵盖各种主题的音乐、纪录片、电影等，以此接触和了解来自不同国家和民族的文化。

● **尊重文化多样性，以兴趣引导探索**

向孩子强调应当尊重文化的多样性，引导孩子根据自己的兴趣自主选择想要深入了解的文化，在这个过程中，要鼓励孩子以开放的心态提出问题、寻找答案，以便更好地了解其他文化的特点。

● **多出门旅行参观，切身感受多元文化**

旅行能为孩子提供新奇的体验，让孩子置身于不同文化背景的环境中探索，亲身感受当地人的生活方式，了解不同文化的风俗民情。还可以带孩子

参观当地的博物馆、艺术馆或展览，帮助孩子更深入地了解不同的文化和历史。

● **鼓励语言学习，开展文化交流**

鼓励孩子接触与学习其他语言。语言学习与文化学习是密不可分的，在孩子学习语言的同时，适时引导孩子去了解目标语言所属国家或地区的文化、传统、习俗和历史。这样不仅能够让孩子更深入地了解语言所承载的文化，也有利于提高孩子使用该语言进行跨文化交流的能力。如果条件允许的话，还可以让孩子参与学校组织的对外交流项目、国际夏令营等，让孩子有机会与来自其他国家的孩子直接交流并分享彼此的文化和生活经验。

一起面对青春期

引导孩子了解和适应身体的变化，悦纳自我

瑞瑞天生一副好嗓子，一直是少年合唱团里的男领唱。进入初中后，他发现自己的喉咙上长了一个"大疙瘩"，时常觉得嗓子不舒服，嗓音也开始变得沙哑、低沉，还被同学嘲笑他的嗓音是"公鸭嗓"。瑞瑞为此十分沮丧，开始变得不自信，也不愿意开口唱歌了。

这一时期，孩子告别了娃娃脸，头面部发生明显的变化，第二性征也开始出现。这些变化都来得突然且迅速，很多孩子都没有做好心理准备，开始变得敏感、焦虑，缺乏自信。如果此时还有来自同伴的嘲讽和家长的忽视，情况也许会变得越来越糟糕。研究表明，青春期的孩子对自己身体的生理印象与自尊存在着联系，对自己样貌不满意的孩子，往往会有自卑的表现。

家长要告诉孩子，身体上发生的诸多变化，都在预示着你已经成为一个大人了。这是每个人成长的必经阶段，是青春期给我们的成年礼物，我们要学着去适应这些变化。另外，还要引导孩子理性看待外貌问题，重视内在美。帮助孩子了解自我，悦纳自我，进行正确的自我评价，学会欣赏自己的独特性，提高自己的自尊感。

值得一提的是，孩子对于身体形体的满意度，存在着性别的差异。与男孩相比，女孩往往会格外在意自己的外貌和身材。因此，家长要更加注意这个阶段女孩的心理变化。

● **了解并适应身体的变化**

在身体外形方面，初中阶段的孩子身高和体重都迅速增长，身高一年最多可以长高10厘米左右，体重平均每年增长5千克。青春期四肢的增长速度往往快于躯干的增长，所以身体比例看起来没那么协调。而且，由于肌肉和骨骼的快速生长，一些孩子控制四肢的能力下降，显得笨手笨脚。

这些状况与青春期身体的快速发育和性激素分泌的增多相关，是这一时期的特殊表现，随着身体的进一步生长发育会逐步变得更为协调和完善。家长要安抚孩子的情绪，提供正确的指导，帮助他们平稳度过这个关键时期。

家长要提醒孩子注意适度运动，不要突然发力，以免扭伤、抽筋等；要注意保护好自己的隐私部位，以免受到伤害；为了保证骨骼的健康生长，在日常饮食中要格外注意补充钙质等。

除此之外，家长还要注意帮孩子建立均衡的饮食结构，提供优质的蛋白质、蔬菜、水果和碳水化合物，为生长发育提供充足的营养和维生素。

进入青春期，孩子开始出现第二性征。男孩的脸上开始长出小胡楂和喉结，嗓音变得低沉沙哑，说话的声调也会时高时低，甚至出现破音。家长要让孩子知道变声期一般不会超过两年，在此期间要注意保护自己的嗓子，说话时可以放低音量，避免大喊大叫，多喝水，少吃辛辣食物。

男孩要学会剃须，同时，也要让他们知道剃须刀属于私人物品，不能共用。

由于男生普遍运动量大，容易出汗，还要提醒他们做好脚部卫生，避免产生足癣（俗称"脚气"）。要选择透气性强的鞋子，洗脚的时候每个脚趾都要分开洗，因为细菌会藏在脚指头缝里，洗不干净仍会产生异味。洗干净后要把脚擦干，以免滋生新的细菌。别忘了提醒孩子每天更换干净的袜子。

女孩的脂肪会显著增多，乳房也开始发育，这让一些女孩看起来更加丰满，身材更有曲线感。有些女孩会感觉害羞，为此穿紧身的束胸，含胸驼背，希望可以掩藏自己的身形。家长要让她们认识到这个时期是肌肉、骨骼发育的重要时期，保持良好的站姿、坐姿和走路姿势，才有利于骨骼和肌肉的健康发育，不良的姿态有可能会导致脊椎畸形或肌肉损伤。

同时，女孩会出现月经初潮。提醒女孩在月经期间不能用凉水冲澡，不要吃生冷辛辣的食物，不喝冰水。教她们学会选择合适的卫生巾，并提醒每2个小时要更换一次，最多不超过4个小时，以免滋生细菌。如果痛经严重，需要及时到正规医院就医，在医生的指导下，合理使用止痛类药物。

家长要引导孩子养成良好的生理卫生习惯。每天洗澡可以去除身体表面的污垢和细菌，特别是腋下、脚底和脖子等容易滋生细菌的部位。如果不能洗澡，也要尽量每天清洗隐私部位，清洗时要认真仔细，洗完后更换干净的内衣、内裤。建议选择透气性好、材质舒适的纯棉衣物，避免穿得过紧或过松。新买来的内衣要清洗后再使用，贴身衣物最好放到太阳下暴晒，消除细菌。

- **应对容貌焦虑等问题**

这一时期，有些孩子脸上开始出现青春痘，有些孩子会因个子太矮或是身材太胖，变得自卑。他们会用头发遮住脸颊或额头，或是想穿上增高鞋来弥补身高，或是想通过节食来控制体重等。

面对孩子的容貌焦虑，家长需要先让孩子认真地了解自己，引导他们发现自己的独特之处，学会欣赏这种个性美，慢慢接纳自己。例如，脸上的雀斑会让人觉得俏皮可爱，小麦色皮肤会让人觉得健康阳光，微胖的身材会让人觉得更加甜美可人等。同时，要引导孩子注重内在美，建立正确的审美观和价值观。

如果孩子脸上出现了青春痘，要提醒孩子不能用手去抓挠挤压，以免发生细菌感染，引发炎症。可以早晚用温水洗脸，忌用油脂类、粉类化妆品。如果是严重的痤疮，要及时到正规医院就医，以免对孩子的心理和社交产生不良影响。

● 多给予孩子积极、正面的评价，引导他们接纳自己

研究表明，家长的接纳和支持会促进孩子的自我接纳，也会增强孩子的自尊感。因此，家长要将自己的目光投向孩子的优点，尤其是内在品质上的闪光点，大方地夸奖并表扬孩子，让孩子获得正面强化和情感上的支持。

和孩子一起坐下来，轮流说说孩子的优点，可以是外貌特征、内在的品质，也可以是一件小事。例如，孩子的单眼皮很特别，也很漂亮，在人群中一眼就能被认出来；孩子坚持每天早晚认真刷牙，牙齿很白，很健康；有一次出门买菜，孩子帮妈妈拎最重的袋子，很懂得关心人；孩子帮妹妹选的裙子很漂亮，有一双发现美的眼睛；等等。这样做，让孩子可以从他人的角度更加全面地了解自己，从而接纳自己，喜欢自己。

指导孩子健康、安全地进行人际交往

小雪在一次同学聚会上认识了一个外校的初三男生。自从那次见面之后，这个男生就时不时地出现在校门口等小雪放学，陪她回家。小雪刚开始并没有感觉到异样，把对方当大哥哥，但是来往得多了，对方数次邀请小雪出去吃饭、看电影，小雪开始感到不安。于是小雪把这件事告诉了家

长，希望他们接送自己上下学。

随着年龄的增长，孩子的社交范围逐步扩大，有了更丰富的人际交往经验，人际关系也随之变得更为复杂和多样，感情重心逐渐转向关系要好的朋友。除此之外，进入青春期后，男孩和女孩开始意识到性别问题，并逐渐对彼此产生兴趣。

首先，家长要帮助孩子提高对人际关系的敏锐度，让他们学会通过观察对方的行为和态度，辨别对方的意图。其次，要让孩子学习正确处理人际关系，引导孩子建立做人的底线和做事的边界感。要让孩子明白有些事是坚决不能做的，要坚持自己的原则，在面对困扰的时候，要积极求助。最后，孩子与同伴一起外出的活动会越来越多，要让孩子学会保护自己，提醒孩子出游时有些注意事项要牢记在心。

进入中学之后，有些孩子特别受欢迎，不仅朋友很多，还常常获得异性的青睐；有些孩子则被人"拒之门外"，他们或者对同伴表现出攻击性，或者成为被欺负的对象。

● 了解异性交往要把握"度"

听到"早恋"一词，很多家长都十分担心。其实，正常的异性交往，能帮助孩子建立健康的情感观。而不良的异性交往，或异性交往不当，则会影响孩子的情绪，进而影响到学习与生活。

家长要让孩子知道，随着生理的发育，性意识也会觉醒，开始对异性产生好感，这种渴望异性友谊的心态是正常的。同时，可以教孩子一些异性交往的技巧，如异性交往要把握"度"，尽量避免肢体上的过度接触。

● 学会应对异性间的好感

此时，孩子的心理还不够成熟，自控能力不足，家长要敏感一些，用心观察孩子的言行，看看孩子是否有早恋的苗头。

要注意观察孩子的变化，了解他们的心理动向。例如孩子是否经常与异性通话，是否突然喜欢打扮自己，是否总是莫名微笑等。但也不能捕风捉影，偷看孩子的日记，以防引起孩子的反感，让孩子失去对家长的信任。

要提前做好关于两性关系的教育，让孩子了解异性交往的原则，学会辨别异性亲近自己的意图，当异性提出想要单独约会时，要警觉起来，拒绝对方的要求。另外，面对异性的好感，明确地表达出自己的想法，拒绝时要大方自然。当然，还要照顾到对方的自尊心，避免因为此事影响到今后的友谊。

● 了解校园欺凌，学会保护自己

校园欺凌在中学生的交往中并不罕见，家长要引导孩子了解和辨别这些攻击性的行为。

校园欺凌，有身体上的攻击性行为，这种行为有外显性，容易被人察觉到，例如打人、踢人、抓伤等；也有语言上的攻击性行为，即通过语言对对方进行伤害，例如，羞辱、嘲讽或谩骂，给同学起难听、丑陋的外号。除此之外，还有关系上的攻击性行为，就是故意操纵和破坏他人的同伴关系，从而伤害对方。这种攻击性行为较为常见，又不太容易被人察觉，例如，在背后说某人的坏话，或引导其他同伴孤立某人等。

提醒孩子，当他面对经常性的攻击性行为，无论是身体、语言，还是关系上的攻击，都要及时反馈给家长和老师，积极求助。面对同伴给予的压力，不能盲目服从，不要因害怕失去友谊，就去做一些突破底线和边界的事情，如作弊、偷窃、赌博、吸毒等。

● 找到合适的发泄精力的方法

男孩天生具有"侠义精神"，家长要让孩子知道打架并不是正义的行为。对于精力旺盛的孩子，要帮助他们找到合适的发泄精力的方法。可以让孩子在安全的条件下进行一些相对剧烈的运动，如长跑、游泳、登山等，还可以让孩子参与篮球、足球、排球等需要团队合作的活动,让孩子在竞争中体会同伴之间的协作精神。

● **学习预防性侵害与自我保护的方法**

告诉孩子要增强自我防范意识,预防性侵害行为。提醒孩子注意保护自己的隐私部位,不能被人触碰,也不能被看到,不要因为对方是熟人就放松警惕,熟人包括邻居、老师、亲人、家长的朋友等。

告诉孩子不要因为贪图小恩小惠而掉进坏人的陷阱,天下没有免费的午餐,陌生人赠予的食物和饮料要拒绝。另外,已经打开的饮料或水,在自己离开过座位后,不要再饮用。

与朋友出游的时候,不要落单,不独自走夜路或进入偏僻的场所,如过街地下通道、娱乐场所周围等危险多发的地带。陌生人搭话时,要提高警惕,不要轻信他人的话,不随意搭别人的便车。

值得注意的是,性侵害的对象不仅仅是女生,也包括男生。因此,男孩家长也应该让孩子知道如何预防性侵害。

帮助孩子了解性心理及行为

浩浩已经初中三年级了,他最近开始注重起自己的发型和穿着,还经常把自己反锁在房间里。平时全家一起看电视的时候,如果遇到男女主角拥抱、亲吻的镜头,他会红着脸低下头,但是家长不在的时候,又看得非常起劲儿。一次,爸爸半夜起床上洗手间的时候,正好看到满脸通红的浩浩在慌慌张张地洗自己脏了的内裤。

随着性激素的提高,女孩出现月经,男孩发生遗精,性意识也开始觉醒。他们开始对异性产生兴趣,慢慢出现性冲动,自慰行为也频繁出现。尤其是男孩,视觉和听觉的刺激都可以引发他们的性冲动,这是生理发育引发的正常现象。中学生的生活阅历浅，自控能力不足，分辨是非的能力也比较弱，尤其需要家长加强监护、教育和疏导。

一方面，需要揭开性的神秘面纱，帮助孩子了解性生理的相关知识，解答他们心中的疑问，化解他们的好奇心。另一方面，要让他们认识到人不仅是生物的人，更是社会的人，受到社会道德和法律的约束。既不能对性持否定和抵制的压抑态度，同样也不能对性持放纵态度，要正确对待自己的性心理，建立健康的异性交往态度。

青春期的性教育对于人的一生来讲是尤为重要的，如果教育得当，会促进孩子性心理的健康发展，建立正确的性观念；反之，如果教育不足或教育不当，则会使孩子对性产生神秘感、压抑感或罪恶感，导致错误的性认识及不当的性行为。

● **正确看待青春期的生理反应和自慰行为**

性冲动和性好奇是青春期男孩重要的性心理特征，来自听觉、视觉的信息都可能会引发他们的性冲动，例如裸体的艺术品、穿着暴露的女性图片等。性冲动是性生理发育的产物，家长可以借助书籍和纪录片等媒介引导孩子储备性知识，了解身体发生的变化。

遗精是男孩在生长发育过程中经历的一个重要事件。有些男生不知道自己为什么会遗精，容易产生羞愧、焦虑、自责的心理，如果是首次遗精，还会伴有紧张和害怕。可以让爸爸对孩子进行引导，让他知道这是正常的生理发育现象，安抚孩子的情绪。如果孩子频繁遗精，可以关注一下孩子的内裤是否太紧，睡觉时是否盖了太厚重的被子等。

月经是女孩的重要生理现象，可以由妈妈告知孩子一些经期的护理知识。另外，还需要提醒女孩提高自我保护意识，不要因为对性的好奇而突破自己的底线，过早地发生性行为。

对于青春期的孩子来说，自慰是缓解性紧张和性压抑的方式。当发现孩子有自慰行为时，不要武断制止、严厉呵斥孩子，以免孩子以后出现性生活障碍。

可以贴心地为孩子准备一些关于青春期发育或性心理方面的书籍，以及新的舒适的内衣、内裤，放在孩子的床头，还可以加上一张纸条，写上"你已经成为一个真正的男子汉/大女孩了，我们很关心你的成长，希望你可以注意自己的身体健康"之类的话。

可以选择一个合适的契机，由同性家长跟孩子展开一次谈话，大大方方、明明白白地告诉孩子自慰是正常现象，要注意节制和卫生。

此外，还可以引导孩子多参加户外活动，锻炼身体，亲近大自然，培养有益于身心的兴趣爱好，尽量帮助孩子转移对性的注意力。

● **对性健康采取负责任的态度和行为**

中学生的异性交往，是适应社会、认识世界、了解自身的一种方式。健康的异性交往可以完善自身，但交往过密，容易陷入早恋。在缺乏性知识和自控力的情况下，早恋的孩子容易因一时冲动发生性行为，出现难以承担的怀孕、堕胎等严重后果。

如果孩子已经早恋，只要孩子懂得分寸，不做出格的事情，家长要尊重孩子，引导孩子将重心转向学习，相互帮助，相互鼓励，为更好的未来而共同努力。强烈的反对往往会激起孩子的叛逆或反抗，从而破坏亲子关系，还容易让孩子拒绝和家长交流。

还可以尝试和孩子分享自己的初恋经历和恋爱心得，借机引导孩子认识到恋爱中要相互尊重，哪些事可以做，哪些事坚决不能逾越。

一起健康使用媒介

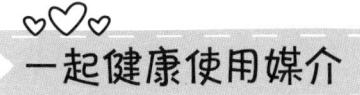

体验各种媒介，利用多种媒体丰富学习与生活

　　小华经常以学习和查资料为由向家长借用手机、电脑。最近，小华妈妈在与其他家长聊天时听说，很多孩子拿到手机后并没有用来查资料，而是在聊天和玩游戏，而且有的孩子还形成了网络依赖，离不开手机游戏了。这让小华妈妈十分苦恼，要不要禁止小华用手机呢？

　　这一阶段，孩子需要逐步学习并具备信息获取、评估、组织和利用的能力；需要学会利用各种信息资源，包括图书、网络、媒体等，从中获取准确、有用的信息，并能够加以整合和应用。所以，对于信息的获取和评估是该阶段孩子必备的能力，但在此过程中，大部分孩子缺乏自我管控能力，需要家长的监督。

● **建立积极的家庭媒介环境**

　　家长应该营造一个积极的家庭媒介环境，和孩子分享高质量的资源和内容，如有趣的纪录片、益智类的游戏等，并引导他们学会使用手机、电脑等媒介获取有用的信息和知识，提高孩子选择适合自己的内容的能力。

● 与孩子进行开放互信的沟通

家长要经常与孩子进行开放互信的沟通，鼓励孩子随时与家长交流自己的问题和疑惑，及时帮助他们解答疑问，指导他们理性地看待在手机或电脑上看到的内容。

● 制定手机或电脑的使用规则

长时间使用手机或电脑可能会导致孩子沉迷于虚拟世界，影响他们的学习和生活。家长可以和孩子一起制定手机或电脑使用规则，如每天使用手机或电脑的时长、不躺在床上看手机或电脑、不与陌生人在网上聊天、禁止晚上使用手机或电脑等。家长要以身作则，与孩子一同遵守这些规则。

● 培养孩子主动获取信息的习惯

家长要鼓励孩子主动获取信息。鼓励他们多读书、多关注新闻、多参加社区活动等，从多个渠道获取信息。这样可以让孩子更好地认识世界，有利于培养他们的批判性思维，从而更好地迎接信息冲击。

● 培养孩子的创作能力

家长可以鼓励孩子进行创作，例如，让他们创作一些简单的视频、照片或文字等。亲身参与创作，可以让孩子更深入地了解媒体内容的运作机制及其影响力。

辨析信息的真伪，识别和应对网络陷阱与诱惑

程程的家境不太好。有一天她在朋友圈看到一条消息说可以兼职刷单返利，心动的她随后通过微信跟对方联系，按对方所说的操作步骤开始刷单。在短短一个月的时间里，她通过支付宝转账的方式刷了多笔订单，累计被骗数百元，花光了她从小到大积攒的所有零花钱。这让她十分苦恼和后悔。

这一阶段，孩子需要逐渐培养批判性思维能力，包括独立思考、分析问题、评估信息的能力；并学会提出问题、收集信息、分析证据、形成合理的观点和判断。在当今信息爆炸的时代，帮助孩子辨析信息的真伪、识别和应对网络陷阱与诱惑是非常重要的。

● **教孩子评估信息来源是否可信**

可以教孩子一些常用的方法，让他们学会评估信息来源是否可信，例如，查看作者资质和经验、检查文章的来源和发布时间、查阅多个来源以获取不同观点等。鼓励孩子用批判性思维对所接收到的信息进行评估。

● **培养孩子的信息搜集和筛选能力**

可以引导孩子从多个渠道搜集信息，如书籍、报纸、网站等，并帮助他们筛选出真实可靠的信息。同时，让孩子学会有效利用搜索引擎和数据库等工具，细化搜索关键词并过滤结果，以减少错误或淘汰不可靠的信息。

● **学会保持客观和审慎的态度**

可以与孩子一起讨论信息的主观性和客观性，并鼓励他们保持客观的态度。提醒孩子筛选信息时要注意个人偏见和立场，引导他们从多角度思考问题，尽量获取全面的信息。

还可以鼓励孩子进行批判性阅读，学会辨析文章的论证和观点是否合理。此外，也可以让孩子知道一些关于媒体运作模式和商业利益的浅显知识，帮

助他们更好地理解媒体的角色和动机。

- **分享关于网络陷阱与诱惑的案例**

可以与孩子分享一些关于网络陷阱与诱惑的案例，如虚假新闻、点击诱导、算法推送等。通过对具体案例的分析，使孩子了解这些问题的存在，并帮助他们提高警惕，不轻易相信一切信息。

- **鼓励孩子与家长、老师分享问题和疑虑**

鼓励孩子随时与家长、老师交流他们遇到的问题和疑虑。只有经常与孩子沟通和互动，才能让他们第一时间向家长和老师求助。有了家长和老师的支持和帮助，孩子才能理智地应对网络上的陷阱和诱惑。

如果孩子已经成为诈骗受害者，可以采取如下建议来帮助他们度过这个困难时期并确保他们从中学到经验教训。

保持冷静和理解。当孩子向你倾诉时，尽量保持冷静，不要责备孩子。因为他们正在害怕或沮丧，需要家长的支持和安慰。

倾听和沟通。倾听孩子的经历，并鼓励他们表达自己的感受，释放自己的忧虑。同时，也可以适时为他们解惑，要让孩子知道家长在乎他们的感受。

提供安全感。向孩子传达你的支持和保护，让他们知道你会为他们解决问题，并告诉他们发生这种情况并非全是他们的错。

寻求帮助。如果孩子损失了金钱或泄露了个人信息，及时与相关机构（如警方、银行）联系，并报告该事件。

了解网络交往的特点，学习适宜的做法

张英喜欢在一些网络平台上和陌生人聊天，经常出言不逊；他也会在评论区发表一些不当言论，有时还参与网暴他人的活动，以此发泄心中的不满。他认为在网络上无论说什么都不会有人管，所以才这么肆无忌惮。

网络为我们提供了一种便捷高效的沟通方式，但需要注意的是，在网络上创建虚拟身份来交流和表达自己的同时，也可能导致人际关系的混乱和信任问题，产生很多不良后果。孩子在网络平台上聊天、交友已经是一种常态，了解网络交往的特点对孩子来说是非常重要的。因此，家长要对孩子的网上聊天和交友进行监督，帮助孩子更好地进行网络交往。

● **保护个人信息**

网络交往时，家长要教育孩子注意保护个人隐私和安全。不要轻易透露个人身份信息、联系方式或其他敏感信息，谨慎添加陌生人为好友，以免为一些不法分子提供可乘之机。

● **强调网络礼仪**

在网络交往中，家长要教育孩子注意尊重他人。不要恶意攻击或侮辱他人，要尊重别人的观点和意见，在网上留言、评论时更应当规范自己的言行。

● **谨慎发布内容**

在网络上发布的内容能够传播得很广，所以要谨慎选择发布的信息。避免散布谣言、不实信息或令人反感的内容。

● **寻求理解和支持**

在平时的交流沟通中，不妨提醒孩子如果遇到网络交往问题，不要独自承受，可以和家人、老师或信任的成年人交流，以获得帮助和支持。

家长要关注孩子的发展需求和心理健康，引导孩子遵守网络规则，确保网络对他们的发展有积极的影响。只有了解网络交往特点并学习适宜的做法，孩子才能更加安全、有效地开展网络社交活动。

支持孩子学习

激发孩子的内在学习动力,培养主动学习的孩子

　　进入初中后,小林的学习任务增加不少,但是妈妈发现小林的学习状态不好,常常走神,也经常需要妈妈提醒、催促,小林才会去复习笔记、预习课本。有时候妈妈提醒小林学习,他还会跟妈妈谈条件。这让妈妈很困扰,觉得小林不把学习当回事,内在学习动力明显不足,她很担心小林无法胜任初中的学习。

　　内在学习动力可以帮助孩子保持学习的积极性和主动性。内在学习动力强的孩子能够持续地追求知识和进步,即使面临困难和挫折,也能坚持下去。

　　初中的学习科目数量和难度都有提升,更注重考查学生的探索精神和解决问题的能力。当孩子有更强的内在学习动力时,他们才会更愿意深入探究知识、理解概念,而不仅仅是为了应付考试而学习。家长也许还能像小学那样让孩子坐在书桌前学习,但却没办法控制孩子的大脑,让他去记忆、理解复杂的知识，去不断地思考解决问题。所以，培养孩子的内在学习动力就显得紧迫且至关重要。

内在学习动力的培养不是一蹴而就的，但只要家长在孩子的日常学习和生活中把握好提升内在学习动力的三个核心要素——自主感、成就感、归属感，培养出主动学习的孩子是指日可待的。

- **给孩子更多选择权，增强孩子的自主感**

研究发现，一件事情是自己决定去做而不是被别人要求去做的，人在做这件事情时就会有更强的内在动力。比如，孩子自己决定要跟朋友们一起跳绳，虽然疲惫却乐在其中。如果把跳绳当作一项运动作业来完成，则有可能让孩子满心抗拒，因为孩子会觉得这不是自己能决定的，是被迫要做的。所以当我们在生活和学习中多给孩子一些选择权的时候，孩子就会获得更充足的自主感，内在学习动力也将得到提升。比如，对于要完成的学习任务，与其直接给孩子一个建议或安排，不如多问问他："你今天有哪些作业？""你今晚准备怎么安排呢？"用提问的方式给孩子选择权，激发孩子自主思考并安排学习任务。

当然，有时候家长给了孩子选择权，孩子也未必能安排好。这时候家长可以跟孩子一起讨论如何去改进，比如问孩子：

"你觉得目前遇到的问题是什么？"（引导孩子分析现状）

"关于这个情况你有没有想到什么方法调整？"（引导孩子思考解决方案）

"我也有一些想法，你需要我的建议吗？"（询问是否需要建议）

"我关注到这样一个问题，我想告诉你，供你参考。"（表达建议）

千万不要因为孩子没有做好，就收回我们给予孩子的选择空间。在培养孩子自主学习的过程中，一定会出现孩子做得不够好的情况，孩子就是在不断尝试的过程中成长的。

除了在学习上给予孩子选择权，生活上也要让孩子有选择权。比如，在家做饭时，可以让孩子参与打打下手；外出旅游的时候，可以让孩子来准备旅游攻略，家长只要从旁为孩子把把关。这既是缓解孩子的学习压力的一种方法，也是家庭增进感情的好机会。更重要的是，孩子在生活中获得的这种"我能选择"的感觉，会强化孩子心中"我能控制""我是自己的主人"的自主感。这样的感受会迁移到孩子的学习上，让他们产生"学习是我自己的事""我能自己做主"的感觉，这正是内在学习动力产生的源头。

● 让孩子感觉到"我能行"，积累孩子的成就感

当孩子能很好地胜任某件事情，他们就会有更强的内在学习动力去继续做。就拿偏科来说，很多孩子之所以偏科，就是因为他们能很容易地从优势科目的学习中获得成就感，于是孩子不用提醒就会主动学习。而劣势科目正好相反，孩子学起来很费劲，即使努力了在短期内也没有成果，孩子缺乏成就感，怎么催也不愿多学一些。可以通过引导孩子分析自己的优势并鼓励孩子继续保持这种优势，帮助孩子积累成就感。

比如，每次考试完了，可以和孩子一起分析他们的成绩，重点分析孩子得分的地方。因为孩子既然得分了，说明他们一定是付出了努力并且用对了方法。如果一开始就把重点放在孩子丢分的地方，跟孩子讨论要怎么改进，由于孩子早就没有了成就感，也对能做好缺乏信心，改变的动力就更不足了。

发现了孩子做得好的地方，要多去夸奖和鼓励孩子，夸奖的时候，多描述孩子做得好的过程，避免使用"你真棒""你真厉害""你太了不起了"这种笼统的语言。比如，在分析孩子数学成绩的时候，发现有一道平常容易做错的题孩子这次做对了，我们可以夸奖孩子："你以前做错过这道题，你没有选择忽略它，而是认真地分析并且重做，你掌握了这个知识点，在这次考试里拿分了，你的这种学习方法很好！"当孩子得到越来越多的反馈，并

且这些反馈都在表扬他们做得对、能做好的时候，他们就会获得更多的成就感，从而增强内在学习动力。

● **做孩子成长过程中最好的后盾，提高孩子的归属感**

在孩子成长的过程中，一定会遇到困难和挑战，如果孩子能获得来自家人的支持和理解，就会有更强的内在学习动力。相反，如果孩子得到的是责备、比较、批评，孩子的内在学习动力就会被破坏。

当然，这对家长来说并不是很简单就能做到的，因为孩子遇到问题时的表现常常会让家长觉得是孩子有"问题"。比如，孩子遇到难题就跳过的时候，家长容易认为孩子畏难，不愿接受挑战；孩子被电子产品吸引，学习分心的时候，家长容易认为孩子不够自律。

其实，这些表象的背后是当前的学习对孩子来说有难度，导致他们想逃避，这是正常的。这时候，孩子最需要的是家长的理解与支持。如果家长能透过现象看本质，看到孩子内心的无助与需求，就能更好地理解并支持孩子。比如，可以在语言上表达对孩子的理解，告诉他们："我知道这件事对你来说很难，其他人也会有和你一样的感受，但我也发现在这么难的情况下你一直在坚持，你真的很有韧性，我们都支持你。如果需要帮助，我们可以一起想办法。"同时，也可以在行动上给孩子提供支持，如教孩子一些科学的学习方法，引导孩子分析，适时地表扬孩子做得好的地方给孩子信心等。

帮助孩子掌握科学的学习方法，提升学习效率

小学时，阿伦的成绩一直很拔尖，但是上初中后，他的成绩从上游退步到了中下游。阿伦在学习上其实很努力，每堂课都会认真听讲、记笔记，平常写作业也很认真，经常写作业到很晚。即使这么努力、认真，他的成绩仍然不进反退，阿伦很受打击。爸爸妈妈心疼他，却又不知道该如何帮他。

初中生的学习任务繁重，如果没有高效的学习方法，孩子花费大量的时间和精力，学习也可能没有多大的效果。我们经常听到一个词叫"熟能生巧"，如果没有科学的方法，再"熟"也生不了"巧"。掌握科学的学习方法才可以帮助孩子更有效地组织和管理学习时间，提高学习效率。

● 帮孩子树立"我能学好"的学习信心

遇到挫折是学习过程中的常态，家长在教给孩子科学的学习方法之前，要先帮孩子树立起"我能学好"的学习信心，这是孩子愿意实践并顺利实践学习方法的重要基础。

当孩子遇到学习挫折，家长可以引导孩子说一说内心的感受，从而帮助孩子缓解负面情绪。比如，可以跟孩子说："这次考试没考好，你觉得有些丧气是吗？"如果孩子带有很强的负面情绪，这时候让他们去反思、改进方法是非常困难的。

可以鼓励孩子，肯定他们的努力和进步，从而增强孩子的学习信心。可以和孩子聊一聊他们曾经付出努力并最终做成的事情，描述孩子努力的过程，赞扬孩子的品质。可以采用"描述事实＋表达感受＋赞扬品质"的三段表扬句式，比如，"你每次做题都会用心地标记出题目里的条件再动笔计算，所以你的计算准确率越来越高（描述事实），你的行为让我觉得很欣慰（表达感受），我觉得你的做题习惯很严谨（赞扬品质）！"这样的表扬能让孩子关注到自己的优势，从而增强应对挑战的信心。

需要注意的是，不要用一些笼统的言语表扬去鼓励孩子，也不要试图回避孩子遇到的挫折，那样反而会让孩子觉得自己很差劲，比如，不要跟孩子说"一次考试说明不了什么，你很棒的！"（没有根据的表扬）、"没事的，加油，下次就能做好的！"（回避做得不好的事实）。还不如实实在在地说出孩子遇到的困境然后安慰他，比如，"你这次考试确实是没考好，但是这不代表你的努力没有任何意义。"

● **为孩子提供具体的主动学习的方法**

教育心理学家埃德加·戴尔曾提出过"学习金字塔"理论。他认为，讨论、实践、教授给他人主动学习的方法，能让大脑留存更多的学习内容，而听讲、阅读、视听、演示这些被动学习的方法，留存的学习内容要少很多。需要说明的是，并不是说"听讲"就是低效的被动学习，要具体看听讲的时候是如何听的，如果孩子听讲的状态是老师讲什么自己就听什么，那这就是被动学习。如果孩子听讲的时候，脑子里其实不停地在回忆听到的内容，并且参与到老师的提问讨论中，尝试用所学的知识回答问题，那这样的"听讲"就加入了主动学习，这就是主动地"听讲"，是更高效的学习过程。

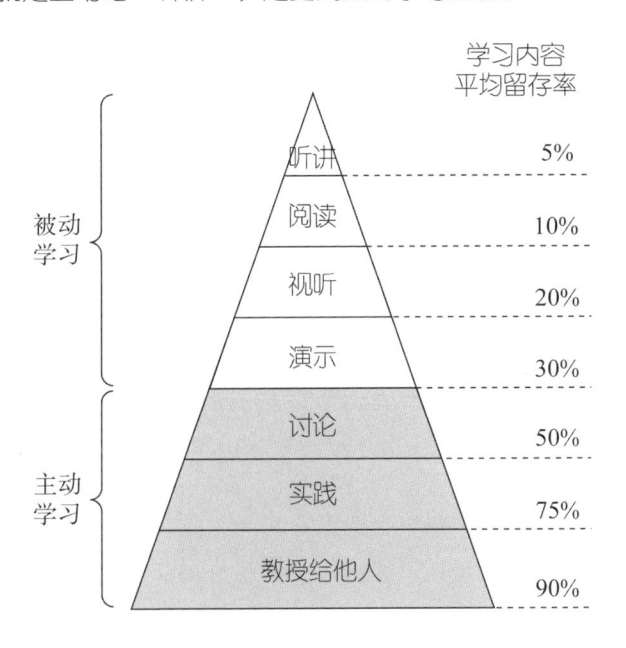

	学习内容平均留存率
听讲（被动学习）	5%
阅读（被动学习）	10%
视听（被动学习）	20%
演示（被动学习）	30%
讨论（主动学习）	50%
实践（主动学习）	75%
教授给他人（主动学习）	90%

可以将"学习金字塔"的理论分享给孩子，增强孩子主动学习的意识。同时也要为孩子提供具体的主动学习方法。比如，记忆的时候，比起一遍一

遍地熟读，被动地给大脑输入要记忆的信息，不如多尝试主动回忆已经背过的内容，哪怕回忆的时候发现每次都无法回忆出完整的内容也没关系，这是一个巩固的过程。这样的记忆方式反而更加主动高效。

还可以鼓励孩子把学到的知识点讲述出来，巩固所学内容。比如，每次上完课，就尝试在课间或放学回家的路上用自己的话概括今天老师讲到的内容。如果增加练习的难度，可以让孩子回家后将当天学到的知识点讲给家长听，如果孩子能讲明白，说明他们真的掌握了，而且这时候他们对知识点的记忆一定是很深刻的。如果觉得每科都这么实施太难，可以让孩子从某个科目入手开始练习。

- **鼓励孩子向他人寻求帮助**

孩子在学习过程中难免会遇到各种问题和困难，如果孩子不敢向他人寻求帮助，就更容易陷入困惑，对学习感到疲惫，所以家长要鼓励孩子向他人寻求帮助，求助的对象可以是家长、老师、同学，也可以是相关的在线学习平台或书籍等。

当孩子尝试向他人寻求帮助时，家长要及时给予孩子积极的反馈和鼓励，让孩子知道自己的努力和勇气是被重视和认可的。

培养孩子的反思能力，让孩子的努力更有效

小军是个比较勤奋的孩子，一直都有整理错题的习惯，每次完成作业或考试后，他都会细心地将做错的题目誊抄到错题本上。但是初中的课业任务多，错题也越来越多，整理起来很费时间。更让小军和他爸妈烦恼的是，小军总是会重复犯一些错误。比如，平时做错并整理过的题，再遇到相同或类似的题仍然会做错。这让小军很沮丧，他慢慢变得不爱去整理错题了，因为他觉得自己的努力都是没用的。

事实上，整理错题只是学习反思的一个环节，与其督促孩子把错题誊抄好，不如把重点放在引导孩子思考为什么会犯同样的错误上，帮助他们找到解决问题的方法，这样的学习才是更加高效的。

● **用 5why 提问法引导孩子反思问题的原因**

找到问题的原因，比直接上手解决更重要。想要找准孩子做错题的真正原因，可利用 5why 提问法：面对一个问题，连续问 5 个"为什么"，去探寻真正的原因。

虽然叫 5why 提问法，但不代表只能问 5 个"为什么"，可能要问 6 个、10 个，也可能问 4 个就问出来了。关键是要通过不断提问，沿着因果关系去探究和反思。比如：

家长："这道题为什么做错了？"

孩子："做这道题的时候我感觉时间很紧，看错了已知条件。"

家长："为什么做这道题的时候感觉时间很紧？是这道题对你来说太难了吗，还是其他原因？"

孩子："其实这道题不难，我以前做过，而且做对了。"

家长："所以说，这道题对你来说是已经掌握的题，平时做作业的时候你是不会看错已知条件的。那你回忆一下，平时做题跟考试做题最大的不同在哪儿？"

孩子："平时做题的时间很宽松，所以我不会紧张，但是考试时间有限制，我就容易紧张，然后看错已知条件。"

家长："那么你再想想，考试的时间要求是不会改变的，怎样才能让你在考试的时候不会觉得时间那么紧张呢？"

孩子："我不知道。"

家长："我有方法，你要听听吗？"

孩子:"好。"

家长:"你可以按照考试的时间要求来限制平时做作业的时间,这样就能确保你平时会做的题,在考试时大概率也能拿到分,你觉得是这个道理吗?"

孩子:"是的。"

以上就是 5why 提问法的使用案例。在引导孩子反思的过程中,常用的一些提问方式还有:

为什么会这样?为什么不是那样?

如果是/不是这样,会怎样?

如果是/不是这样,说明了什么?

你觉得这几者间有什么不同?

当然,家长如果遇到一些自己也想不通的问题,可以向学科老师或其他专业人士求助。家长不需要变成学习方法的专家,只需要拥有不断去提问的意识就行。

- **鼓励孩子写学习日志并进行自我评价,分享经验**

除了对孩子具体的学习任务进行 5why 提问,还可以鼓励孩子写学习日志,记录学习的内容、方式、效果和感受,并进行自我评价,从而提升孩子的学习反思能力。如果孩子觉得这样的日志记录任务繁重,可以先从某一个学科开始,或降低记录的频率,减轻负担。

家长可以定期与孩子一起回顾学习日志,多问问孩子:"你是怎么做到的?""你是怎么想到的?""能不能跟我说说你的经验?"引导孩子发现、总结自己的优势。对于还需要改进的地方,可以问问孩子:"你是怎么看待这个问题的?""你准备如何改进?""我有一些经验和思考,你想听听吗?""你需要我的帮助或建议吗?"引导孩子对自己的表现进行全方位的、深入的反思。家长也可以与孩子相互交流学习经验,让孩子从中学习。

- 营造适合反思的学习环境

为孩子提供一个安静、整洁、舒适的学习环境也非常重要,有利于孩子专注于学习与思考。比如,在孩子学习时,其他家庭成员尽量做到不打扰。家长也要多督促孩子整理自己的书桌,保证书桌上没有那些容易让孩子分心的物品。

培养学习坚持性,帮助孩子更好地克服学习困难

小夏是初二的学生,他在学习上有自己的远期目标——考上一所重点高中。小夏给自己制订了近期学习计划,但是计划是一回事,实施又是另一回事,小夏的计划总是会被打断。比如,跟同学玩耽误了时间,被临时的学习任务影响了进度,或者做着做着觉得计划太难了无法坚持下去。妈妈希望小夏能更有坚持性,于是经常督促和鼓励他,但效果并不好,有时候小夏还会冲妈妈发脾气,对此妈妈觉得很困扰。

学习的坚持性是指一个人在面对挫折、困难和失败时仍能保持积极的学习态度和动力的能力。坚持性不仅跟一个人的意志力有关,学习自信心、目标设定的合理性、乐观的心态、社会支持这些因素都共同影响着孩子的学习坚持性。

- 制定合理且清晰的短期学习目标

长期目标很重要,但能促进孩子行动的大多是短期目标。制定短期的学习目标,最好以一周为时间节点来制定。同时,也要保证制定的目标是合理的。很多时候,孩子无法顺利地完成目标,是因为一开始目标就定得太高,孩子容易高估自己的执行力、低估坚持完成学习任务的难度。那如何保证制定的目标是合理的呢?可以建议孩子在原来的学习状态的基础上,只额外制定一个小目标,比如在本周内巩固和掌握数学老师讲过的某个知识点,而不是每

个科目都制定一个目标然后一起实施。要知道,孩子的精力有限,目标太多,最后可能一个都完不成。

还要确保学习目标是清晰的,是有衡量标准的。比如,上面提到的"在本周内巩固和掌握数学老师讲过的某个知识点",怎样算是巩固、掌握了?标准是什么?具体这周都在什么时间做些什么才能达到目标?需要从这些角度去思考,从而将目标制定得更加细致,变成可以落实的计划。

家长需要帮助孩子熟悉这种制定目标并拆解成详细计划的学习方法。尽量一开始就把目标难度降到最低,这样孩子才能更快地体会到"我能做到"的成就感,在学习中展现出更强的坚持性。当孩子熟悉了这种学习方法,也有了更强的动力,自然能慢慢地增加目标的难度甚至数量。

● 培养成长型思维,让孩子收获积极面对困难的心态

成长型思维是由心理学家卡罗尔·德韦克提出的概念,指的是一个人相信自己能够通过努力、持续学习来提升成长的态度和信念。一个拥有成长型思维的孩子遇到挑战时,会乐观地将挑战看作成长的机会,他们会更愿意接受挑战,并在困难中坚持,不断改进自己的方法和策略。那家长如何培养孩子的成长型思维,让孩子面对困难时有更积极的心态呢?

首先,家长是孩子最重要的榜样,如果家长面对挫折和困难表现出的是消极的心态,孩子也很难发展出成长型思维。所以,家长要调整自己的心态,尝试在每个看起来不顺利的情境中看到积极的地方,相信会有方法能够改变现状,这就是培养孩子成长型思维的第一步。

其次,面对孩子消极的状态,可以通过转换孩子的消极语言来强化孩子的成长型思维。比如,"我不是学数学的料""这个我做不到""我不擅长做这方面的题""我试了,没有用"等说法都给人一种好像再怎么努力也无法改变现状的感觉。如果把这些消极的语言转换一下,加上"暂时"的属性,

就会积极许多，让人看到坚持下去的希望。当孩子说"我不是学数学的料"，家长可以回复孩子："听你的意思，你现在暂时对学好数学缺少信心。"这样的回应在不断地暗示孩子，能力是可发展的，当前的状态只是暂时的，坚持下去，优化方法，一定能有进步。

● **为孩子提供督促和支持**

想要实现目标，仅仅依靠孩子的自制力是不够的，还需要家长的督促。为了增强孩子的动力，可以与孩子商量设置一些奖励，当孩子完成了某个小计划，就能获得奖励。必要的话，也可以跟孩子商量，如果没有做到会有什么小惩罚。用这样的方式为孩子的目标实施创造仪式感，在增强孩子动力的同时也能让孩子做到自我督促。

当孩子想放弃的时候，家长要及时安抚、鼓励孩子。千万不要责备孩子"你怎么这么一点事都坚持不下去"，可以尝试描述出孩子的情绪，比如，"你花了很多时间还是没有做出这道题，所以你有点担心自己永远也做不出来，是吗？"需要注意的是，千万不要因为孩子有情绪，就调整之前制订好的计划。因为从量变到质变需要一个过程，如果计划才实施几天就调整，孩子可能很难感受到自己成长的变化，学习的坚持性就很难培养出来。

引导孩子关注科技，成为一名科技型学习者

小叶在电视上看到一则关于无人驾驶汽车的新闻报道，他被吸引了，开始查找相关资料，想要更深入地了解这项技术，也开始思考这项技术对生活和社会的影响。

小叶对无人驾驶技术产生兴趣，可能是因为他在日常生活中感受到了科技的便利。在此基础上，家长可以引导他进行科学思考和实践，帮助他形成对科技的真正兴趣。

- 提供多样化的科技资源，鼓励孩子参与科技竞赛和活动

多样化的科技信息及体验能激发孩子对科技的兴趣，家长可以提供多样化的科技资源，让孩子获取高质量的科技前沿信息，接触不同领域的科技知识。比如，订阅科技类杂志，参加在线科技课程，观看科技相关的纪录片，参观科技展览、科技博物馆等。还可以鼓励孩子参与学校或社区组织的科技竞赛及活动，使用科技类应用程序和软件，如科学实验模拟软件、编程学习工具，或购买一些科技拼装套装、编程机器人等，让孩子亲自动手制作或操作，培养孩子的实践能力，引导他们在实践中学习和应用科技知识，增强科技体验。

与相关的专业人士交流同样能拓宽眼界，获取多元的科技信息。家长可以联络身边的专业人士，创造机会让孩子与专业人士进行交流。可以提前让孩子准备几个想要问的问题，以下可供参考。

这个职业的发展历史是怎样的？（了解这个领域的发展情况及发展阶段）

这个单位的发展历史是怎样的？（了解单位的发展历史，从而更了解该领域）

这个单位的主要产品和业务是什么？解决了什么问题？（了解相关科技产品对人们生活的影响）

这个行业/职业/单位未来的发展是怎样的？（了解该领域的发展前景）

- 营造科技学习氛围，组织家庭科技讨论会

在日常生活中，可以与孩子一起讨论智能家居、智能手机等科技产品对生活的影响。也可以引导孩子关注科技在医疗、环境保护、交通等领域的应用，让孩子了解科技进步会给我们的生活和社会带来积极的改变。

可以在家庭中营造一个积极的科技讨论氛围，定期组织家庭科技讨论会，每个人都分享自己关注的科技话题或新闻。家长分享自己的科技经验或观点，鼓励孩子提出问题和自己的见解。家庭成员较多的，还可以把讨论会变成一

场小小的辩论赛。这样的讨论能够促进家庭成员之间的交流和思维碰撞，增进对科技的理解和应用能力。以下是一些可供参考的话题。

你注意到身边有哪些科技产品或应用？它们对生活和社会有哪些影响？

你觉得人工智能会对就业产生哪些影响，为什么？

你觉得虚拟现实技术是如何帮助我们学习的？

你觉得无人驾驶汽车对交通系统和道路安全会产生什么影响？

有无人驾驶技术了，你觉得人们还有必要去学开车吗？

你听说过基因编辑技术吗？你觉得它会给医学、农业带来哪些改变？

你觉得在使用基因编辑技术的时候，我们要考虑哪些道德和伦理的问题？

人工智能技术普及后，可能存在哪些安全隐患？

● **善于放手，培养孩子的科技兴趣**

有实验表明，越稀缺的东西越容易被珍惜，越容易引发人的好奇与渴望。对于孩子的学习来说也是一样的道理，当他们感觉到这个学习资源很稀缺的时候，就会带着好奇主动想去学。

所以，与其把我们准备的全部学习资源无条件地给孩子，不如设置一些门槛。比如，有一个科技体验的学习机会，可以先和孩子说一说这个机会的来之不易以及这个科技体验如何有趣，当孩子提出想要去体验一下的时候，不要马上答应，而是设置一些条件，如需要先阅读一些相关的材料，能回答出一些相关的问题，才能获得这个机会。再比如，在做科技实验的过程中，一些材料可以让孩子自己准备。越是投注了精力的事物，孩子反而越容易产生真正的兴趣。

帮助孩子规划未来

支持、鼓励孩子了解和体验不同职业

小明的学校要组织为期两周的社会实践活动,其中包括农场务农和参观工厂。小明得知消息后要求妈妈帮他请假,妈妈问他原因,他说:"我长大了又不当农民和工人,为什么要去农场务农、参观工厂?"妈妈问他将来想从事什么职业,小明说:"我没想过,不知道。"

初中生对于一些职业已经有了初步的了解,但是这种了解可能只是流于表面。比如,他们认为老师就是讲课,批改作业;医生就是看病开药;消防员就是灭火救灾……他们对于职业只有主观想象,没有实际接触和体验过。这就需要家长鼓励孩子参加各种志愿活动、研学活动等,加深孩子对各种职业的了解和体验,帮助孩子拓展视野,建立社会责任感和参与感。最重要的是,这些社会实践活动可以让孩子积累丰富的经验,增长社会阅历,发现自己的兴趣所在,进而对未来的职业有一个初步的规划。

- **和孩子一起了解志愿服务**

  在日常生活中，孩子可能见到过志愿者，甚至还接受过志愿者的帮助。但是志愿者到底做什么，怎么做，如何成为一名志愿者，很多孩子是不太了解的。这就需要家长带孩子一起学习了解，不但要让孩子了解它是什么，更要让孩子了解志愿服务的意义。

- **和孩子一起参加志愿服务**

  言传不如身教。家长是孩子的第一任老师，家长的言行举止会潜移默化地影响孩子的世界观、价值观的形成。家长和孩子一起参与志愿服务活动，孩子会更容易受到鼓舞，更加积极地参与这类活动。此外，这类活动也有利于建立良好的亲子关系，让孩子对于一些职业有更加深入的体验和了解。

- **从孩子的爱好和特长出发，选择适合孩子的志愿服务**

  志愿者有很多种类，如公益志愿者、扶贫志愿者、亚运会或奥运会志愿者等。不要盲目地选择志愿服务的种类，最好从孩子的兴趣爱好和特长出发，寻找适合他们参加的志愿服务和社区活动。如果孩子喜欢小动物，可以参加当地动物收容所的志愿服务活动。在参加志愿服务活动的过程中，孩子能体验到兴趣爱好和职业之间的关系。

- **了解如何成为一名志愿者**

  想要了解社区志愿者服务项目，可以通过社区官方网站、社区公告、社区志愿组织等获取相关信息。

  如果你和孩子想要加入当地的志愿者组织，可以按照如下步骤进行操作：打开微信——点击右下角"我"——点击"服务"——点击"城市服务"——点击右下角"办事大厅"——点击左边"民政公益"——找到"志愿者服务"——点击"注册志愿者"——注册成功后点击"查找活动"——选择本地活动报名参与。

- **鼓励孩子积极参加学校组织的研学等社会实践活动**

实践经验能帮助孩子规划未来的职业和人生。可以鼓励孩子积极参加学校组织的各种研学活动和社会实践活动，让他们亲身体验不同职业的工作，感受工作氛围。这有助于孩子发现自己的兴趣和擅长的领域，为未来职业规划提供有力的支持。

- **从了解家长的职业开始，加深孩子对各种职业的了解和体验**

想要加深孩子对职业的了解，可以从认识家长的工作开始。家长可以利用晚饭或者散步等时间和孩子聊聊天，告诉孩子自己是做什么的。如果条件允许的话，还可以带孩子到自己工作的地方让他们感受一下工作环境和工作氛围。平时看到从事不同职业的人，如在街上遇到的交警、公交车司机等，可以让孩子通过观察他们去感受不同的职业。

鼓励孩子畅想未来的职业生涯

周末，妈妈带小明参加了单位组织的亲子活动，小明见到了很多同龄人。午餐时，孩子们围坐在一起谈论起未来想从事的职业，有人说想当医生，有人说想当军人，有人想自己创业……小明却一直没有说话，他想到了自己的成绩，很沮丧，觉得自己连高中都很有可能考不上，哪还有资格去想将来的职业呢？

因为学习成绩不好，就放弃对未来职业和人生的规划，是一件非常不明智的事情。社会上有很多成功的企业家都没有高学历，但是他们却都有非常明确的奋斗目标，并为之付出努力，进而取得了巨大的成就。

家长要引导孩子客观地认识自我，勇于面对现实，保持信心。帮助孩子综合分析学业水平、兴趣爱好、擅长领域、价值观等，并根据孩子的个性特点合理规划未来。同时，也要保持一颗平常心，在面对职高和普高分流的问题时，能够放下面子，根据孩子的实际情况引导他们找到适合自己未来发展的道路。

● **帮助孩子客观地认识自我**

客观地认识自我对于个体的成长和发展具有重要的意义。因此，如何帮助孩子客观地认识自我是每个家长都要思考的问题。

想要帮助孩子客观地认识自我，家长首先要调整好自己的心态。既悦纳自己，又敞开怀抱悦纳孩子，这是家长的必修课。

与成人一样，孩子可能在某一领域特别有天赋，而在别的方面却没有。作为家长，我们需要做的就是帮助孩子发现自己的兴趣和爱好，不断地鼓舞激励，让他们在自信中成长，学会欣赏自己的优点。同时，我们也要接受孩子的缺点，帮助他们克服困难，不断进步，悦纳自己，并努力成为更好的自己。

● **帮助孩子超越自我**

帮助孩子超越自我，需要家长以身作则，通过阅读等学习方式，不断完善自我，为孩子做出榜样。有些家长自己不学习，却逼着孩子学习，在孩子遇到挫折时，不帮助孩子积极查找问题，总拿别人家孩子和自己家孩子做比较，数落打击孩子。这是一种非常错误的理念和教育方式。事实上，人生的真谛不是要超越别人，而是要超越自我。当能够超越自我的时候，你会发现你已经超越了别人。

● **帮助孩子科学地规划未来**

要想帮助孩子科学地规划未来，首先需要家长对孩子的学业成绩有一个综合的分析，了解孩子的优势科目有哪些，短板有哪些，成绩是平稳还是起伏不定，成绩不理想是因为学习态度还是学习方法等。要全面客观地掌握孩子的真实学情。同时，也要兼顾孩子的性格特点、兴趣爱好以及擅长的领域，通过平等深入的沟通，了解孩子的意愿，和孩子一起合理地规划未来。

● **尊重孩子的选择**

家长在帮助孩子做人生规划时，不要强迫孩子服从自己的安排，而是应该学会倾听，尊重孩子的意愿，了解孩子的需求，共同制订人生规划，并在过程中给予必要的指导和支持。同时，在孩子的成长过程中，家长也要不断学习，与时俱进，适应变化，不断更新自己的观念和方法，为孩子提供更好的教育和成长环境。

● **放下面子，面对孩子的真实学习情况**

在面对职高和普高分流的问题时，很多家长经常碍于面子，忽视孩子的真实学习情况，强迫孩子选择普高。结果，孩子进入高中后，无法跟上学习节奏，甚至患上了心理或精神疾病。因此，在面对职高和普高分流的选择时，一定要从孩子的实际学情和真实意愿出发，尊重、信任孩子。毕竟，条条大路通罗马，不要强迫孩子为家长的面子买单。

引导孩子把梦想与当前的学习联系起来

最近一段时间，小虎的学习成绩很不理想，妈妈教训他说："你再不努力学习，考不上高中，将来只能去捡垃圾！"小虎听了满不在乎地说："捡垃圾就捡垃圾，比天天待在教室里学习自由多了。我长大了就要捡垃圾。"

在孩子学习成绩不理想的时候，不要急于责备孩子，要先了解孩子成绩下降的原因是什么。没有好好学习可能只是表象，很多孩子成绩差的根本原因是他们没有目标，缺乏学习动力。家长需要了解孩子的真实想法和需求，鼓励他们拥有自己的梦想，帮助他们树立长远目标。让他们把梦想和现在的学习结合起来，从而激发内在学习动力，进而实现梦想。

- 和孩子建立良好的关系

家长爱孩子，首先要做到的就是尊重，不要觉得"我是家长"，就打着"我是为你好"的旗号，要孩子无条件地服从。要想建立良好的亲子关系，不要总想着改变孩子，要先从改变自己做起。懂尊重，会倾听，能理解，给自由，树底线，做一个温柔而坚定的家长。

- 和孩子一起聊聊未来和梦想

和孩子建立了良好的亲子关系后，就可以开始和孩子做有效的沟通了。很多孩子学习成绩不理想的根本原因是他们没有梦想或目标。他们不知道为什么要学习，为谁学习，学习能给他们带来什么。

如果孩子一时找不到自己的梦想，可以和他们一起制作一张愿望清单，列举一些只要努力就能够实现的事情。比如，多久看完一本书，每周坚持多少小时的体育锻炼等。家长也要参与进来，写几条只要努力就能够实现的愿望。这样就可以形成一张家庭愿望清单，不但能够进一步增进亲子关系，还能帮助孩子逐渐树立目标，为了梦想而努力拼搏。

- 激发好奇心，帮助孩子找到自己的梦想

好奇心会驱使我们主动去探索未知，人类文明的发展是离不开好奇心的。同样，好奇心也能够让孩子主动学习，让他们找到学习的乐趣，并在遇到困难时选择坚持，保持热爱。因此，我们要多鼓励孩子参与一些有意义的社会实践活动，激发孩子的好奇心，帮助孩子找到自己的梦想。

- 打造学习型家庭

要想激发孩子的内在学习动力，还需要为孩子营造一个良好的学习氛围。这里不是要求一定要有一个书房，但至少要有一个能够让全家人一起安静读书、学习的地方。

● **和孩子一起学习，一起成长**

想要培养出什么样的孩子，就先要做什么样的家长。也就是说，家长想让孩子优秀，就要从改变自己做起，让自己变得更优秀，无论多忙，回到家后放下手机、拿起书本，给自己也制订一个学习计划，陪伴孩子一起学习成长。孩子一定能够感受到家长的变化，家长的变化也一定会潜移默化地影响到孩子。

家教咨询室

孩子不适应新环境，怎么办？

辰辰是一个活泼开朗的大男孩，小学时学习成绩优异，在班级中始终名列前茅。可是升入初中后，辰辰发现学习任务一下子变得又多又难，自己难以应付。而身边的同学三五成群形成了一个个小圈子，自己好像被隔离在外，没有人愿意跟他做朋友。这些都给辰辰带来了较大的压力，辰辰开始出现注意力不集中的状况，总是昏昏沉沉，打不起精神。随之而来的，就是成绩的一落千丈。

有些孩子小学时开朗活泼，学习成绩优异，但是进入中学后，成绩可能会一落千丈，开始变得沉默寡言。这有可能是由于孩子无法适应新环境，往往会表现为情绪低落、抑郁、烦躁、退缩、注意力下降、与同伴活动减少、身心乏力等。严重的话可能会导致孩子跟不上学业的进度，甚至辍学或休学。一方面，家长要尽早做好引导，帮助他们提高解决问题的能力；另一方面，还要引导孩子尽快进行自我调整，克服不良情绪，建立良好的人际关系，适应群体生活。

孩子出现学校适应不良的状况，有可能与孩子的个性有关，有些孩子天生比较敏感、内向、少言寡语，人际交往能力不足；也有可能与家庭环境有关，有些家长对孩子的期望过高，对他们严格要求，使得孩子长期处在紧张的环境中，导致孩子自信心不足。

● **提高解决问题的能力**

在孩子刚开始遇到困难的时候，可以和孩子一起分析问题，找到其中的关键所在，然后一起探索解决问题的可行方案。比如，孩子与同学发生了矛盾，被小团体排挤了，可以带孩子一起找找原因，是彼此之间产生了误会，还是对方有意为之，对自己有敌意？如果存在误会，可以找一个适当的时机来化解；如果是自己的错，要勇敢承认，大方表达歉意；但如果对方是故意孤立和排挤自己，就应该立即结束这段友谊，重新寻找志趣相投的同学做朋友。

在孩子已经掌握了一些解决问题的方法之后，尽量放手让孩子独立处理问题，提高孩子解决问题的能力。

● **适应群体生活**

在生活中，家长要给孩子提供更多的群体社交的机会。在假期里，可以让孩子参加夏令营、游学营、体能集训等，这些活动不仅能够让孩子的心智得到发展，体能得到提升，更重要的是，还可以让孩子逐步适应群体生活。尤其是很多夏令营活动包含住宿，要与同伴共同生活几天，这有利于孩子与同伴建立互帮互助的友谊，提高自理能力。另外，要让孩子了解到，在群体里大家是平等的，享有同样的权利，要公平对待群体中的每一个同伴，也要共同遵守约定好的群体规则。

对于那些天生较为内向和敏感的孩子，可以让孩子与较为熟识的同伴相处，鼓励他们大胆表达自己的意愿，增强自信心。提醒孩子，在与人相处时，如果有疑问和困惑，要主动去问，找对方核实，而不是私底下暗暗猜测，以免产生误会。

● 营造松弛的家庭氛围

有些家长对孩子的要求非常严格，一旦孩子没有令他们满意，动辄打骂孩子或使用冷暴力，对孩子不理不睬。在这样紧张的家庭环境中成长的孩子，往往容易自卑、敏感，而且在犯错之后，容易焦虑，甚至产生强烈的负罪感和内疚感。

因此，家长要营造舒适和放松的家庭氛围，让孩子可以自由表达自己的想法，即使犯了错，也不会过于担心，因为他们知道自己会得到家长的理解和支持。这样的家庭氛围也有助于缓解孩子的压力和疲劳，让孩子的幸福感得到提升，心理的需求也容易得到满足。

家是温暖的港湾，是孩子坚强的后盾，家长感情上的支持能让孩子克服重重的困难。

如何帮助孩子度过父母离异、亲人过世等家庭变故期？

前不久，阿明的家长正式办理了离婚手续，妈妈也收拾行李从家里搬了出去。最近，阿明借口心情不好，晚自习经常旷课。有同学在学校对面的小巷子里看见阿明和校外的小混混们在一起，当时他手里还拿着香烟。班主任把阿明最近的表现告诉了爸爸，爸爸很担心阿明的状况，但又不知道如何跟他沟通。

当家庭发生重大变故，如父母离异、亲人离世、家庭破产等，都会让孩子产生不安、焦虑、恐惧、沮丧等负面情绪，容易出现注意力下降、食欲不振、沉默寡言等状况。

因此，如果家庭发生了更大变故，家长需要格外关注孩子的心理和行为动向，给孩子讲清楚其中的缘由，给予情感上的陪伴和安慰，帮助孩子合理地表达和调节情绪，顺利地度过困难时期，并调整心态重新建立起生活的新秩序，恢复正常生活。

● **理解变故发生的原因**

在家中发生重大变故的时候，很多家长会选择隐瞒真相，以为这样可以保护孩子，降低对孩子的伤害。但敏感的孩子会在生活中感受到种种变化，他们会困惑、自责、怀疑，甚至可能引发亲子之间的信任危机，反而不利于孩子心理的健康发展。

家长应该找一个合适的机会，将事情的缘由告知孩子，打消孩子的各种顾虑和担心。例如，家长确定离婚意愿后，可以找一个合适的机会，家人坐在一起，心平气和地告诉孩子："我们因为生活理念不同，在一起没有以前那么幸福，所以选择分开。但不必担心，我们的分离并不会影响对你的爱，无论以后发生什么事情，我们永远是你坚强的后盾，一样疼爱你、关心你。"

● **找到适合的方式疏导情绪**

在发生家庭变故后，很多孩子会因为恐惧、羞愧、愤怒等原因，选择隐藏自己的情绪，长此以往，会引起焦虑或抑郁，影响正常的生活。家长要让孩子知道如何发泄自己的负面情绪。比如告诉孩子，如果他们感到悲伤，就找一个自己觉得安全的地方，大哭一场；如果他们感到委屈或气愤，可以找一个信任的人，吐露自己的心声。

如果孩子非常内向，不愿向他人表露自己的情绪，可以引导他们用写日记、写信、画画、唱歌、运动等方式，来疏导自己的情绪。家长要注意尊重孩子的意愿，让他们以自己感觉舒适的节奏来进行调整，给他们充足的时间消化情绪。

● **重新建立积极的生活方式**

如果家庭发生重大变故，家庭关系和家庭秩序也可能随之发生变化。家长要引导孩子适应新的生活，适应时间因人而异，有的孩子可能需要一两个月的时间，有的孩子可能需要一年或更长的时间。在此期间，家长要做的是给予孩子更多的包容和理解。

可以询问孩子怎样才能让他们的感觉好一些，尽量满足孩子的合理需求。例如，为了弥补亲人离世给孩子带来的感情缺失，可以提议孩子养一些小宠物，以此来转移他们的注意力；可以经常带他们到大自然中去，散散步，看看风景，面对山林说出对亲人的思念；给予孩子更多与同伴相处的机会和时间，让孩子在友谊中治愈自己。

孩子缺乏人生目标，怎么办？

小欢的家长对她期望很高，爸爸负责她的学习，为她制订了详尽的学习计划，妈妈负责她的生活，为她准备营养丰富的餐食。原本小欢很努力，学习成绩虽然算不得优异，但也能达到班里的中等水平。但最近一次考试失利之后，小欢就提不起精神，每天躺在床上玩手机，作业完成质量也很差，老师说她，她点头应是，但下次还是犯同样的错误。家长问她："你对未来是怎么打算的？"小欢说："不知道，能干点什么就干点什么呗。"

大多数青少年时期的孩子对未来充满想象和憧憬，对未来的职业抱有期待，对未来的生活充满向往。但也有些孩子对什么都提不起兴趣，缺乏人生目标，这让家长很是担心。

这有可能是紧张的家庭环境导致的，家长对孩子的要求过高，如果孩子达不到，就容易受到指责、批评、埋怨。在这样的家庭环境下生活，长此以往，孩子就容易陷入"习得性无助"的旋涡里，即孩子无论怎么努力都无法达到让家长满意的程度，继而放弃努力，选择"躺平"。

值得注意的是，如果孩子出现持续的情绪低落、冲动易怒、行为异常、与朋友疏远、成绩下降、拒绝上学等状况，家长就要提高警惕、高度重视，因为这有可能是患上抑郁症的前兆。

● **注重过程，肯定孩子的努力**

进入中学后，孩子的学业压力陡然加大，很多家长只习惯性关注孩子的学习成绩，经常忽略孩子的努力，这让孩子觉得只有学习成绩好，才能够获得家长的关爱。

为此，家长要多关注孩子平时的上课表现、日常作业完成情况、自主学习情况等，经常与老师沟通，了解孩子在学校的表现。

如果孩子考试成绩不理想，可以和他们一起分析试卷，整理错题并经常翻阅，避免犯同样的错误。要让孩子知道，家长看得到他们的努力。

● **引导孩子找到自己的兴趣以及努力的目标和方向**

每天两点一线的生活局限了孩子对未来的想象。他们需要多发现、多感知、多体验才能够了解自己的性格、兴趣、能力、价值观和人生目标。

家长可以鼓励孩子通过广泛的阅读、实践探索、旅行、参观各种博物馆和展览、观看纪录片等方式来拓宽自己的眼界，找到自己的兴趣。

当孩子对某一领域的知识表示好奇时，鼓励他们通过书籍和互联网等媒介去查找更多更深入的内容。家长还可以为他们提供资源和机会，例如带他们去参观高校、工厂、科研机构等，帮助孩子了解各行各业的情况，了解职业领域的多样性，从而找到自己努力的目标和方向。

● 肯定孩子的想法，增强孩子的自信

当孩子向你提出他们对未来的想法时，不要急着去纠正或否定，要看到他们想法中的合理之处，引导他们从自己的现实出发，找到实现目标的途径。

比如，有些孩子未来想从事与游戏相关的职业，家长要先让孩子知道，游戏行业涉及的职业类型非常丰富，包括设计师、程序员、美术设计师、测试工程师、运营人员、数据分析师等。每个职业的要求都不同，如果想成为程序员或测试工程师，那么从现在开始就要努力学好数学、物理等基础学科。

在孩子将想法付诸实践的过程中，家长还可以帮助他们将大的目标拆解成一个个小目标。每当孩子完成了一个小目标，要及时给予孩子肯定和鼓励，提高他们的自信心。

孩子沉迷网络，怎么办？

小琴是一个很乖巧的女孩，进入初中后，家长觉得她长大了，给她配备了一部新手机。小琴非常兴奋，先是与同学一起网上聊天，接着开始迷上了看剧、看小说、刷短视频，使用手机的时间越来越长。慢慢地，小琴只要一放学，手机就不离手。如果家长没收她的手机，她就会异常烦躁焦虑，总想着如何向家长讨要手机，学习也无法正常进行。

随着互联网时代的来临，智能手机被越来越广泛地使用，网络成瘾成了社会普遍关注的问题，尤其是青少年，由于自我管控能力不足，成为网络成瘾的高发人群。

网络成瘾，初期表现为渴望上网，如果不能如愿就会心情失落、烦躁不安，之后会产生躯体的依赖，表现出头晕眼花、疲乏无力、食欲不振，甚至导致学习生活受到严重影响。

初中阶段的孩子自我意识高涨，自尊心强且情绪波动较大，因此，家长对于网络成瘾问题宜疏不宜堵，完全禁止只会激起孩子的反抗和叛逆心理。

● **深入了解，对症下药**

当孩子沉迷于网络时，家长要先了解孩子是否有哪方面的心理需求未得到满足。例如，是在学校受到他人排挤，无法交到朋友？是学习压力太大，希望通过刷视频和看小说来缓解压力？还是想通过网络对外界的社会有更多更广泛的了解？

家长要对症下药，帮助孩子建立起现实生活的秩序，丰富孩子的课余生活，让孩子重新投入到现实生活中。

● **制定网络使用规则**

家长可以告诉孩子，允许适度地使用手机上网，但要注意时间不能太长，要让孩子知道网络成瘾的危害。与孩子约定好网络使用规则，并共同遵守，帮助孩子养成自律、自觉的好习惯。

另外，对于已经有长时间使用网络习惯的孩子，要循序渐进，让孩子在一定时期内逐步减少上网的时间，最终达到偶尔上网或不上网的程度，在这个过程中，家长要慢慢引导，不能急于求成。

● **找到替代方案**

一旦形成了对网络的依赖，不仅对于青少年，对于成人来说都是非常不好戒断的。因此家长需要通过各种活动转移孩子的注意力，丰富孩子的课余生活，让孩子不再总想着用手机上网。

可以带孩子去图书馆，用查阅书籍来替代网络查阅，而且这样查阅出来的知识或内容更加权威可靠；可以带孩子一起去观看电影，让孩子体验更炫酷的视听效果；还可以引导孩子在兴趣小组、游学活动中找到志同道合的朋友，偶尔约着一起出去逛街、散步、聊天，替代网络上虚拟的交友方式。如果孩子学业压力过大，可以通过跑步、听音乐、绘画等其他方式来缓解压力，同时，家长也要注意不要给孩子太大的压力，要给予孩子一定的自由空间。

● **注意上网安全**

值得注意的是，随着网络诈骗技术的升级，再加上孩子们社会经验不足，容易轻信他人，很多青少年也成为受害者。骗子通过雇用他人网络刷单、倒卖演唱会门票、视频聊天交友、诱导网络打赏等方式诈骗金钱、欺骗感情，严重的还可能威胁到人身安全。

因此，家长要引导孩子建立防范意识，明白天上没有掉馅饼的事情，不要轻信他人，随意向别人转账，或轻易参加网友聚会，要时刻注意上网安全。

孩子整天打游戏，该怎么引导？

进入初中后，小刚家搬到了新小区，身边的朋友变少了，他总是独来独往。无聊之中他下载了几款游戏，结果越玩越上瘾，课余时间都用来玩游戏。有一次，他向班主任老师请假说自己肚子疼，实际上是为了能够回家玩游戏。得知事情原委后，经常出差在外的家长，特意赶回来对他进行了批评和教育，但只要家长不在家，他就又整天地玩游戏。后来，爸爸发现小刚会在上床后，躲在被窝里继续玩游戏。

青少年网络游戏成瘾的主要症状包括：对网络游戏有不可遏制的渴望、对网络游戏依赖性强、戒断游戏有反复性以及生理上的不适症状，如精神萎靡、肢体疼痛等。沉迷游戏的孩子往往会表现出抑郁和焦虑，以及一系列的社交问题、行为问题等。

孩子爱上玩网络游戏，除了与网络游戏本身的诱惑力强有关，与孩子内心的心理需求未能得到满足也有一定的关系。孩子进入初中后，他们的学业压力逐年增大，如果在班级中没有交到朋友，而家长与孩子又疏于沟通，孩子为了缓解压力，可能会向外寻找情感寄托。孩子迷上玩网络游戏，是因为他们在不断追逐"段位""等级""战绩"的过程中，能获得成就感和满足感。

网络游戏是数字时代的重要组成部分，它现在已经不仅是一种放松娱乐的方式、一种展现创造力的方式，更逐渐成为一种社交方式。

但孩子的自制力比较差，社会技能和自我保护意识较弱，他们更容易沉迷于游戏之中。再加上游戏的种类繁多，设计、内容、画面等良莠不齐，品质低劣的游戏容易给孩子的心理造成困扰或危害。如果孩子对网络游戏的沉迷已经影响了正常的学习生活，甚至出现身体不适症状，那么就构成网络成瘾行为了，需要进行专业干预。

● **与孩子沟通，寻找原因**

当孩子沉迷于网络游戏时，千万不要只是对孩子进行简单说教，可以找个机会与孩子聊聊天、谈谈心，和他们讲讲自己小时候沉迷于电视、游戏或小说的经历，拉近与孩子之间的距离。在聊天的过程中，试图找到孩子沉迷于网络游戏的真正原因，是学业压力太大，人际交往出现了问题，还是家长对孩子的关爱不够？

注意不要强行抢夺孩子的平板电脑或手机，这样会使他们感到不被尊重，激起他们的不满和反抗情绪，影响亲子关系。

● **充实生活，建立现实生活中的人际关系**

网络游戏成瘾往往伴随着孩子人际交往的问题。如果孩子在现实生活中无法获得人际关系的满足，那么他们就容易转向虚拟世界，凭借游戏中的团队合作，与队友建立一些虚拟、简单、短暂的社交关系。

家长可以引导孩子多去参加兴趣小组或团体活动，鼓励孩子主动结交好朋友。还可以带孩子去爬山、踏青、踏浪，丰富课余生活。

● **家长以身作则，给孩子树立榜样**

很多家长也有玩手机、喝酒、打麻将成瘾的问题，这会给孩子带来不好的影响。我们常说"言传不如身教"，家长也要培养一些有益于身心的爱好，如阅读、跑步、瑜伽、烘焙等，给孩子树立榜样。

家长还可以跟孩子一起做一些有意义的事情，例如，和孩子一起下棋，一起种植，阅读同一本书并互相分享阅读心得，一起参加公益活动等，给孩子的课余生活增添一些乐趣，让孩子感受家的温馨。

● **寻求专业心理辅导**

孩子玩网络游戏严重成瘾，那么，仅靠孩子自己或家长的能力可能无法让情况得到改善，就要求助于专业的机构或医院，让孩子接受心理辅导，家长也要积极配合。

另外，还要注意营造和谐的家庭氛围，容错率高的家庭更容易让孩子获得安全感和满足感，有助于孩子远离游戏。

孩子在重要考试中考砸了，怎么办？

小美连续两次重要考试失利，家长非常着急，给小美找补习班，每天督促她学习。小美为此也很焦虑，经常熬夜读书，茶饭不思，以至于最近听到"考试"一词就异常紧张，手心发汗，还伴有恶心。今天，小美刚考完回到家，妈妈就问："怎么样？这次考试如何？上一次是你太紧张了，这一次期末考试发挥正常肯定没问题，是吧？"见小美耷拉着脑袋也不回答，妈妈急了："你是不是又没考好？我看你表面上是坐在那里学习，实际上就是心不在焉！"小美捂着耳朵进入了房间，并把门从里面反锁上。

考试成绩一直是家长非常关注的事情，如果孩子考砸了，有些家长可能会责骂、埋怨孩子，让原本就自责、难过的孩子更加焦虑，严重的甚至会导致考试焦虑症。

考试焦虑症是学习压力过大导致的，主要表现为考前紧张、临场晕考，或考后等待成绩焦虑紧张，出现心跳加快、呼吸急促、头痛、胸闷、恶心、出冷汗、腹痛、腹泻等症状。

因此，家长要调整自己的心态，理性地看待孩子的考试成绩，才能够更好地帮助孩子，缓解他们的压力。

● **指导孩子正确应对学习压力**

家长要引导孩子合理看待考试成绩，告诉孩子一时的考试失利是很正常的，不能因为一两次考砸了，就怀疑、否定自己的所有努力。

面对情绪低落的孩子，可以建议他们暂时把学习放一放，好好睡一觉恢复一下精神；可以出去散散步、爬爬山、踢踢球，通过运动让自己出一身汗；或者唱歌、画画、听音乐，做自己喜欢的事情来舒缓一下情绪。让孩子调整好情绪，恢复好精神之后，再重新投入到学习中去。

● **帮孩子分析考试失利的原因**

在孩子情绪稳定之后，可以带孩子一起分析一下考卷，找出错题的原因，并找到合适的解决方案。例如，忘记单词意思，导致阅读理解失分，那就加强单词背诵；数学第三单元测试错误比较多，那就需要加强复习这一单元的内容；等等。

还可以帮孩子梳理一下考试前后的情况，是考试前为了备考而睡眠不足，没能够发挥出良好水平，还是考试时没有把握好考试时间，题目没有做完，或者是忘带考试用具让自己乱了阵脚，影响了考试心情？让孩子将考试时需要注意的事项记录下来，避免下一次考试时出现类似的情况。

另外，对于考试失利的原因，家长要注意不要归因于孩子的能力，这样容易让孩子对自己失去信心，甚至自暴自弃。也不要归因于一些不可控的因素，比如考试题目很难或运气不好等，这样容易让孩子产生侥幸心理。要尽量将原因归结于自己是否努力这种内在因素，让孩子产生自己能掌握学习的主动权的感觉，并愿意主动付出努力。

● **鼓励孩子战胜挫折**

人的一生会遇到很多挫折，考试失利只是其中的一个。在遇到挫折的时候知道如何调整自己的情绪和心态，找到办法克服困难，这项能力是非常重要的。

很多孩子产生考试焦虑，就是因为害怕失败。家长千万不要给孩子灌输"不许失败"的想法，要让孩子知道，只有不断地去尝试和探索，才能接近成功，每一次的失败都是非常有意义和价值的。

在肯定孩子的进步和付出时，要注意指出孩子的进步具体表现在哪里，比如，可以这样表扬孩子："你这一次考试，作文字迹比上一次要工整很多。""你这一次考前做了充分的准备，在考试时间内完成了答卷。""这一次在选择题上的准确率比上一次高出很多。"

孩子面对挫折时，家长需要给予孩子足够的支持和鼓励，让孩子感受到自己不是孤单的。

智慧家长驿站

满足孩子的心理需求，把握宽严尺度

14岁的佳希近期都不想再和爸爸说话，因为无论谈论什么事情，爸爸都会指责他这不成、那不行，这让佳希很恼火。另外，对于佳希在学校里发生的事情，爸爸不了解实际情况，总是根据自己的理解和判断建议佳希这样做或那样做，而这些都让佳希更加反感爸爸。最让佳希无法忍受的是，爸爸竟然偷偷查看了自己的手机，还美其名曰："我是为了知道你在想什么，好支持你！"佳希和爸爸大吵了一架之后，拉黑了爸爸，手机也换成了指纹解锁模式。他觉得在家里只有自己的房间还算安全，因此，他回家就进自己的房间，能不出来就不出来。

孩子进入青春期的同时也让很多家长进入了焦虑期，担心自己管不好孩子。要想亲子关系达到和谐的状态，需要家长提前做好功课，调整自己的监护方式，把握宽严尺度，用最有效的管理，让孩子感受到尊重、肯定、允许、支持和爱，从而让自己有足够的能力迎接孩子青春期成长过程中的各种状态。

● **了解青春期孩子的心理需求**

青春期是孩子生理和心理发展的一个关键时期，也是继婴儿期之后孩子生长发育最快的时期。处于青春期的孩子，大脑发育尚未成熟，这是孩子很难在同一时间完成多项任务、容易受到外界干扰和影响、做事情不顾及后果、自控力弱、容易情绪化等行为发生的重要原因之一。

这一时期，孩子对世界万物有了更深更广的认识，同时，他们也开始关注自己的外在和内在。他们不知道为什么自己突然就变得暴躁了，不清楚自己为什么就不想学习了……在孩子对自己的不理解背后，是他们渴望得到家长的理解与支持。

因此，青春期的孩子更需要家长的关注、尊重、理解、信任、认同与引领。在此基础上构建的亲子关系，才是更有温度、更有力度的滋养。

● **根据孩子的需要来思考我们能给孩子什么**

知道了青春期的孩子要什么，我们才能更好地思考我们能给孩子什么。

与青春期的孩子沟通时，我们要关注和在意他们的感受。比如，孩子发生了一件事情，我们需要把关注点从"对错"上移开，放在"这件事情发生时，你的感受是什么"上，在沟通中支持孩子。要注意保护孩子的隐私权，他们不想说的，就不要过度干涉，要尊重孩子当下的感受和需要。

缓解孩子的情绪或冲动行为最有效的方法就是倾听与认同。一方面，孩子需要他人的倾听与认同；另一方面，他们借由这些外在的认同来强化、巩固自我的内在认同。这会让他们感受到被家长赋予认同的能量，感受到自己真的长大了。

青春期的孩子对世界的好奇心越来越强，探索是满足好奇心的具体行动，因此，"允许"就成为保护、支持青春期孩子好奇心的有效策略之一。"允许"

的度需要家长根据自己对孩子的了解来灵活把握，在坚持底线的前提下鼓励他们自我管理，提高自我服务、关怀他人、独立处理生活问题等方面的能力。

当孩子遇到问题或困惑向家长求助时，一定要让孩子感受到，无论他们是对还是错，家长都会理解他们、包容他们、支持他们，然后再一起总结经验教训，助力孩子成长。

家长要不断学习，了解孩子的内在需求。同时，也要做好自己的事，给孩子一个健康安定的生活环境，给孩子树立一个积极向上的榜样，因势利导，因材施教。要明白，教育是如他所是，而非如你所愿。

重新认识孩子的学习，提供有效支持

初三的嘉明酷爱摄影和视频剪辑，他经常在放学路上一边走一边随手拍照，周末为制作一个几分钟的小视频花上一整天的时间。但随着初三的学习越来越紧张，爸爸妈妈对他的这个兴趣爱好就没有那么支持了。妈妈和嘉明强调，初三很关键，先把学业处理好，摄影和制作视频以后有的是时间。但是，嘉明不同意，他坚持要继续自己的爱好，并保证自己不会耽误学习。妈妈为此很焦虑，是支持嘉明呢，还是继续说服他改主意？

我国著名心理学家潘菽认为，人的学习是"在社会实践中，以语言为中介，自觉地、积极主动地掌握社会和个体经验的过程"。也就是说，家长关注的学习，只是狭义的学习。而孩子的成长，需要更广义的学习的支持。

在广义的学习中，真正的学习动力来自孩子的兴趣，而兴趣更多的是发生在生活中，不是在课堂上和课本里。基于兴趣的学习，能让孩子在解决生活中的实际问题时得到历练、增长见识、拓展能力。同时，兴趣很可能会发展为孩子的志趣，因此，我们要多鼓励孩子在兴趣中进行广泛的学习，引导孩子早早地找到自己未来的成长方向和职业定位。

- **引导孩子认知自我、探索自我**

  孩子是在参加各种活动的过程中慢慢感受、觉察到自己的兴趣、爱好、优势和不足的。而这一过程，也是孩子认知自我、探索自我的过程。

- **帮助孩子找到学习的动力**

  陶行知先生说："生活即教育，社会即学校。"因此，多样化的生活实践是帮助孩子规划未来职业和人生的重要途径。只要是孩子喜欢的，都可以鼓励孩子去亲身体验，让孩子的兴趣在体验中得以滋养，直到兴趣被发展为志趣，成为未来的职业方向。

- **为孩子的兴趣发展提供支持**

  为孩子提供什么样的资源支持，要看孩子的兴趣爱好是什么。这是孩子在自己关注的领域深入学习和发展的重要前提条件。

  为孩子提供更多的资源来支持孩子的兴趣发展，让孩子感受学习、体验学习，走进深度学习，进而让孩子得到全面的发展和提高，更好地迎接未来的挑战和机遇。

提升自我修养，营造良好的家庭氛围

最近，悠悠妈妈感觉自己有点害怕一家人的晚间时光了。以前，一家人开开心心吃完晚饭后一起遛个弯，回来后各自做自己的事情，温馨、美好。但是现在家里常常鸡飞狗跳，因为悠悠太容易生气了，哪怕是很小的一件事，一言不合就会发脾气或者关起门来哭，没法沟通，真的让人有些崩溃。

进入青春期后，孩子的身心发生了巨大的变化，他们不再像小时候那样乖巧，可能更情绪化、更容易冲动，这会给亲子关系带来挑战。

- **学习情绪管理方法，做情绪稳定的家长**

  知道"大家的孩子都这样"有利于缓解家长的焦虑。但不得不承认，很多时候家长需要调节自己的情绪，让自己的情绪稳定下来。情绪稳定的家长能够让孩子感受到稳定的力量，也有利于营造轻松舒适的家庭氛围。

我们可以试试用五步法来调节情绪。

第一步：关注心跳。如果发现心跳加快，赶紧深吸一口气，几个呼吸下来，人就会冷静一些。

第二步：察觉自己。问自己几个问题，如"我怎么了？""发生了什么？""我为什么这么生气？""我怎么想的？"在这个过程中，情绪会逐渐平复。

第三步：悦纳情绪。告诉自己，有这样的情绪是正常的。

第四步：反驳消极思维。影响我们情绪的往往不是事情本身，而是我们对事情的看法和评价，所以我们需要反驳一些消极思维。比如，绝对化思维，类似"9点半之前必须睡觉"；灾难化思维，类似"考不上好初中就完了"。有些事情冷静后再想，会发现其实没有那么糟糕。

第五步：采取有益的行动。通过上一步，我们知道了哪些做法会导致不好的后果，那接下来就采取有益的行动吧。比如，允许孩子多听10分钟音乐再睡。

关于情绪调节的方法有很多，大家可以学习、尝试，然后选择适合自己的实施。值得一提的是，运动对情绪调节有利，培养定期运动的习惯，能帮助我们更好地与青春期的孩子相处。

● **摸索更多相处方式，密切亲子关系**

孩子进入青春期后，朋友的重要性迅速提升，他们越来越多地希望和朋友在一起，但这并不意味着家长可以"退场"。其实，孩子希望有足够多的时间和家长在一起，这个说法可能有点出乎我们的意料，但确实有调查发现了这一点。所以，也许我们只是需要尝试更多的相处方式，使亲子关系更融洽、更密切一些。

比如，可以尝试安排专属亲子时间，共度亲子时光，具体如下。

高度重视，把它排进日程。和孩子商量好一个固定的亲子时间，如每个月第三周的周六晚上，把它安排进自己的日程里。这个举动表示家长对亲子关系很重视，孩子会感到自己很重要。

让专属亲子时间变得真正有意思。这个时间用来做家长和孩子喜欢的事，不谈学习。只有这样，才能真正地融洽亲子关系，也才能让这项活动顺利进行下去。可以和孩子各列一个清单，写出各自想做的事情。比如，看演唱会、看体育比赛、郊区一日游、参与某项运动、去某餐厅吃东西……对照清单，商量做出决定，然后积极为这件事做准备。

要有思想准备，过程未必是顺利的。就像家长平时在孩子那里碰壁一样，这个安排也未必会是顺利的。孩子可能会拒绝，可能会临时爽约，也可能会为了各种小事怒气冲冲或者消极沉默……但关键在于家长需要尝试，只有这样，才能摸索出合适的相处方式。

● 继续坚持"爱与界限"，助力成长

无论在生命的哪一个阶段，孩子都渴望家长的爱。家长要把自己的爱表达出来。比如，多和孩子说"我爱你"，多和他们拥抱……

这个时期的孩子一直在试探边界，因此明确、成文的家规是必要的。这样才能让他们真正感到安全，也会让事情有章可循，让家庭氛围更融洽。制定家规时，要注意如下几点。

在心平气和的时候制定家规，可以事先找一个合适的模板；

问问孩子想要什么特权（自由），然后协商出一致意见；

拟定规矩以及破坏规矩后的惩罚措施；

写成文字，相关人员签名；

坚决执行。

当好多子女家庭的家长

一位妈妈分享了她当下的苦恼：家里的两个孩子分别上初三和小学六年级，都这么大了，他们在家里还经常因为各种分歧吵架，搞得家里"硝烟弥漫"，她很是头疼！这位妈妈特别期望孩子们之间可以多一些关爱，互相照顾，多一些交流和理解。

亲子之情、手足之情都需要在后天维护和培养。作为多子女家庭的家长，应具备怎样的智慧才能给孩子们提供积极、健康、和谐的成长环境呢？

● **爱要均等**

在多子女家庭中，容易让孩子产生不良心理感受的，就是兄弟姐妹被偏袒或得到家长更多的照顾，这种被差别对待的心理落差，会无形中制造出很多基于"爱的争夺"的冲突和矛盾。因此，作为多子女家庭的家长，无论孩子年龄大小，是男是女，家长给孩子的爱都应该是均等的。均等的爱的背后，孩子感受到的是来自家长的同等的重视。

● **长幼有序，让孩子们相亲相爱**

在多子女家庭中，要帮助孩子们建立长幼秩序，帮助老大在兄弟姐妹中建立权威。被赋权的老大，在得到家长满满的爱的前提下，自会有做老大的样子，让爱经由自己，流向弟弟妹妹。家长要经常告诉孩子们，兄弟姐妹是他们在这个世界上最亲近的人，他们出生在同一个家庭，彼此之间应该互相爱护、支持、分享、鼓励。任何事情的发生，兄弟姐妹之间都可以找到对彼此最有利的解决方式，关键在于解决问题的时候，是用"爱"做参考还是用"利"做参考。长此以往，

孩子一定会被家长的教育滋养，从而终身践行它。

- **家长的榜样作用影响至深至远**

  在多子女家庭中，孩子之间的关系状态和家长之间的关系状态息息相关。家长相敬如宾、恩爱有加、互相包容和支持，孩子们才会受到潜移默化的影响，仿照家长的行为方式，相亲相爱、互帮互助。而在充满爱的环境下长大的孩子，他们的气质和性格会更温和，更容易亲近人。因此，家长要为孩子们做好榜样。

- **多子女家庭的孩子要因材施教**

  每个孩子都有独属于他的性格，家长要用心去感受孩子、了解孩子，在此基础上，采取不同的态度及方式灵活地对待每一个孩子的养育和教育，让孩子在家庭教育中感受到因材施教。

- **孩子间的矛盾，让孩子自己解决**

  在多子女家庭中，孩子之间发生矛盾很正常。当孩子们出现矛盾或冲突时，建议家长先不要插手，让孩子们自己去沟通解决。解决问题的过程是孩子们体验兄弟姐妹亲情的过程，体验自己在家庭中的角色、责任的过程，学习相互包容、彼此照顾的过程。

- **多和孩子沟通交流，让每个孩子都感受到被关注**

  在多子女家庭中，孩子们非常在乎家长是否在关注自己。建议家长每周给某个孩子一次特别时光，专门用来陪伴这个孩子，听他讲话，和他聊天。亲子之间的深度沟通，不仅可以增进与孩子之间的感情，了解孩子的情况，还会让孩子感受到家长对自己的在意、关心，会让孩子更信赖家长，也会让家庭更加和睦。

15~18 岁

本阶段孩子的身心发展

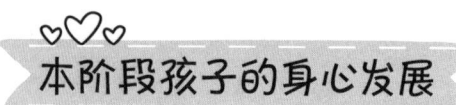

15~18岁的孩子处于高中阶段，这个阶段也被称为青年早期。此时，孩子的生理发育已经基本达到成熟，智力水平也接近于成人，个性越来越丰富，性格品质也越来越稳定。

身体发育

在身高上，女孩到了14岁，男孩到了16岁时，基本已经达到成人的身高，在18岁以后身高就增长得很少了。这个时期，大脑的神经纤维完成髓鞘化，随着神经系统的不断完善，青少年的兴奋和抑制也逐渐达到平衡。

总的来说，进入高中阶段，孩子身体各个系统的发育状况，已经基本达到成人水平。

心智发展

高中阶段，孩子思维发展的水平已经趋于成年人，可以利用概念和假设进行思考，能够按照提出问题、明确问题、提出假设、验证假设的方法来解决问题。

研究表明，与初中生相比，高中生在语文方面，已经能够对一些社会概念、哲学概念和科学概念做出定义，并能够比较全面地理解这些概念；在几何方面，能够比较和分析几何概念的正例和反例，理解这个概念的本质内涵；进一步发展了辩证逻辑思维，可以理解事物的发展是全面的、相对的、运动统一的，因此，孩子在这个阶段可以更好地理解哲学上辩证唯物主义的相关原理。

孩子的元认知能力发展更加完善，元认知能力是指对自己各种认知活动进行积极监控和调节的能力。从整体上来说，孩子的思维监控能力已经接近成人的水平，可以更高效地完成计划，任务表现更加出色。另外，创造性思维从小学到高中都呈现上升趋势，但在高中时期，创新的独特性有所提升。

个性和社会性发展

在自我意识方面，孩子的独立意识提升，但与初中时期的反抗性不同，他们的独立是建立在和成人和谐相处的基础上，希望与父母、家人、老师建立一种信任、肯定和尊重的关系。总的来说，对抗的成分下降，相对好相处。

这个时期，孩子追求"理想自我"，并按照这样的标准来完善自我，开始关心自己的个性成长，会因为他人的表扬而沾沾自喜，也会因为批评而大受挫折，整体的道德意识有所提升。

另外，能够更加全面、深刻地对自己进行评价，但往往会出现评价偏高的情况，还可以用一些更抽象的词来形容自己，例如"我是一个伪理想主义者"。

高中时期，孩子还面临另一个挑战——心理断乳期，心理断乳期就是在心理上与父母脱离，摆脱对他们的依恋，逐渐成为一个独立的社会成员。这种"断乳"使他们言行上排斥、抗拒、反对父母的意见和建议，希望自己可以像成人一样处理问题，但另一方面，无论是经济能力、社会经验，还是情感支持，这个阶段的孩子都无法完全脱离对父母的依赖，因此容易陷入不安和焦虑的情绪中。

在人际关系方面，异性之间产生了爱慕之情，有些孩子开始早恋。家长要注意，此时的感情如果处理不当，会影响他们未来爱情观、婚姻观的良性发展，甚至造成家庭关系的不和谐。

在师生关系上，孩子开始品评老师，那些授课水平高、知识广博、和蔼可亲、幽默风趣的老师会成为他们钦佩的对象，对老师的喜爱之情也会迁移到这个老师所讲授的学科上，他们会努力学习，尽量达到这个老师要求的水平。

在道德方面，高中生开始建立起维护权威和秩序的道德观，开始思考社会和谐和法律公平的问题，成为法律的维护者，也会自觉地按照一个诚实、公正、热心的好公民标准来要求自己。

培养孩子独立生活

引导孩子调整自己的生活习惯，保持良好的健康状态

16岁的女生园园非常在意自己的身材，一直保持很瘦的状态。她的姥姥、妈妈都比较胖，园园非常害怕自己也像她们一样。所以她严格控制自己的食量，每顿只吃很少一点，可妈妈担心她吃太少会影响健康。

孩子在本阶段对生活有了更多自主的选择，但他们的知识体系尚未完善，对事物的认识相对片面，容易受外界影响。并且，他们也因为自己知识的增加而容易自以为是，不太听得进家长的劝告。

这时，家长可以阅读相关的专业书籍、文章，请教专业人士，了解相关的健康知识，科学引导孩子调整自己的生活习惯。在此基础上，家长应该注意沟通的方式，平等地和孩子探讨，这样更容易被孩子接受。同时，家长自己要以身作则，践行健康的生活方式，保持健康的身体状态。

- **遗传和后天共同决定了一个人的发展**

　　血型、红绿色盲、身高、肥胖等特征和遗传相关，因此，园园担心自己的身材像姥姥、妈妈是有一定道理的。家长可以和孩子一起查资料，了解遗传因素的发生概率，认识到遗传因素和后天因素共同决定了一个人的发展。

- **一起了解体重标准**

　　家长要告诉孩子，不能只看网上的那些所谓的身材标准，更不能以演员或模特做参考。家长可以和孩子一起，根据国家发布的身高体重标准判断自己是偏胖还是偏瘦，是需要控制饮食还是加强营养，让孩子知道过胖和过瘦对身体健康都有哪些危害。有的孩子过度追求苗条，家长应引导孩子树立正确的健康观念。

- **一起探讨家庭饮食方式**

　　如果共同居住的一家人都存在过胖或过瘦的体重问题，家人可与孩子一起讨论生活方式，尤其是饮食方式是否存在问题。要根据每个人的身体和营养情况选择适合的食物。

　　家长可与孩子共同寻找一些靠谱的资源，了解有益健康的饮食选择，如中国营养学会发布的《中国居民膳食指南》。

- **避免"穿衣大战"**

　　一到冬天，有些家长就会和孩子为了穿秋裤的事吵得不可开交。其实，十几岁的孩子已经知冷知热了。天冷之前，家长可提醒孩子准备好御寒的衣物，养成每天关注天气预报的习惯，适时增减衣服。

- **设立睡前放松时间**

　　上高中的孩子可能会因为学习压力大、大脑疲劳、兴奋、心情不好等影响睡眠。可以设立一个睡前放松时间，和孩子一起做做拉伸、泡泡脚、聊聊天。交流一些有趣的见闻，听孩子讲讲学校的事，但需注意不要总是批评孩子。孩子的身体和精神都放松了，会有助于轻松入睡。如果由于环境光线和噪声影响睡眠，要一起设法解决。家长还可以向孩子介绍生物钟的概念，让孩子自觉保持规律作息。

鼓励孩子形成适合自己的锻炼方式

小波从小就是个好静不好动的孩子。上高中以后，小波体重逐渐增加，眼看就要超重了，父母觉得应该让他多运动。可是，小波从小没有体育爱好，跳绳嫌弃枯燥，打羽毛球老是捡球，引体向上只能做一两个……这可怎么办呢？

体育爱好最好从小培养，并一直坚持下来。如果孩子一直喜欢并且重视运动，就很容易做到。但如果以前没在意，孩子到这个年龄段没有一两项自己喜欢的运动，也没有养成运动的习惯，那就有可能出现体质不佳或者超重的情况。

家长要鼓励孩子积极参加运动，尤其是那些不爱运动的孩子，家长更要想办法，带领孩子一起运动，比如选择一些简便的运动形式。

● **学习运动两不误**

研究表明，每天进行适当的体育运动，可以提高学习的效率。家长可以和孩子约定每天或每周进行体育运动的时间，保障孩子的运动时长，满足孩子的运动兴趣，促进孩子的学习成长。

● **根据实际情况选择运动方式**

家长要根据家庭和学校的条件，进行合理的选择和搭配，让孩子既能经常进行锻炼，又能保持自己的兴趣爱好。从场地来看，有的运动项目对场地、设施要求比较高，比如游泳、击剑等，需要去专门的场馆；有的运动需要在相对空间较大的场地进行，比如篮球、足球等；有的运动可以在家里随时进行，比如健身操、健身舞蹈、瑜伽等。从人数来看，有的运动需要两人或者多人共同进行，比如各种球类；有的运动一个人就可以进行，比如跑步、跳绳等。从时间来看，有的运动需要的时间比较长，比如登山，只能在节假日去；有的运动只需要短时间就能完成，比如深蹲、仰卧起坐等。总之，运动形式一定要选择孩子愿意接受、有一定的趣味性、比较容易完成并能坚持的。

- **配备必要的器材和服装**

　　为了培养和保持孩子对运动的兴趣爱好，打下良好的身体基础，家长可以给孩子配备必要的运动器材和服装。这可以预防运动损伤，让孩子有更好的运动表现，同时更有运动的积极性。

- **鼓励孩子参加集体运动**

　　学校的运动会是孩子们展现运动才能的机会。家长要鼓励、支持孩子多参加运动会，肯定孩子为参加运动会付出的努力，赞赏孩子在运动会上的精彩表现。有条件的还可参与更专业的运动竞技。

　　此外，有伙伴的陪伴，孩子更容易坚持，比如和同学相约一起跑步、打乒乓球、踢足球等。有条件的还可以加入学校或社会组织的运动队。

- **共同成为运动行家**

　　家长要以身作则，养成运动的习惯，和孩子共同成为运动行家。如果家长擅长运动，可以适当指导孩子。如果家长不擅长运动，可以虚心向孩子请教，这样孩子也更容易保持运动的积极性。对经常进行的运动，家长可与孩子一起探究技法。比如跑步，姿势和呼吸方法怎样最好、每天跑多长时间、配速多少合适、应该选择什么样的鞋……这既有利于共同提高运动兴趣,也可以让运动更科学、更健康。

● 和孩子一起"追星"

如果孩子喜欢体育明星,家长可以和孩子聊聊体育明星的故事,了解体育明星的成长经历;可以和孩子一起观看体育明星的比赛,欣赏他们的风采。重要的是,家长要鼓励孩子学习体育明星不怕困难、坚持训练,追求更高、更快、更强的体育精神。

指导孩子独立看病,学会照料病人

下午,聪聪妈妈正在上班,忽然接到聪聪的班主任打来的电话,说聪聪发烧了。妈妈简单询问了一下聪聪的病情,就对老师说让聪聪自己去家附近的医院看病。老师问:"他自己去看病,行吗?"妈妈说:"可以的,我以前教过他。"老师还是有些不放心,问聪聪:"你自己去看病,行吗?"聪聪说:"没问题,我以前去医院看过病。妈妈已经把我的医保卡绑定在我手机上了。"

孩子上了高中,家长不一定常常陪在孩子身边。孩子得了一些小病,像普通的感冒、轻微的外伤等,家长可以让孩子自己去附近的医院就医。但孩子如果没有事先了解就医的流程,就会手忙脚乱,甚至会出错。

家长平时要告诉孩子附近常去的医院的名称和地址,以及告诉孩子哪些情况可以去社区医院,哪些情况得去综合性医院,要特别注意哪些是社保定点医院。家长带孩子就医时,可以给孩子详细地讲解每一步的流程或引导孩子阅读医院里的指示牌。孩子熟悉后可逐步操作,直到他们能熟练完成常见病的整个就医流程。家长可以把孩子的医保卡绑定在他们手机相关的应用程序上,确认孩子常去的医院支持刷电子医保卡后,就不必随身携带医保卡了。

● **指导孩子学习看病流程**

在孩子病情允许的情况下，家长带孩子看病时可以逐步让孩子学习各个流程的操作。

去医院前，告诉孩子去医院要准备什么东西（医保卡、病历等）。见到医生之前，家长可以扮演医生，提出一些问题让孩子尝试回答。比如，哪里不舒服、有什么症状、什么时候开始的、用过什么药等。指导孩子不要遗漏关键信息，也不要说一些不相干的信息。

在医院里，要带孩子了解医院科室分布，知道常见病该挂什么号、在哪里挂号（窗口或机器）、如何候诊、缴费、取药，在哪里化验检查、取检查结果等。家长可以先从陪同孩子完成看病流程逐步过渡到让孩子独立完成看病流程。

● **告诉孩子谨遵医嘱**

医生给病人看病之后，除了开药方，还会有一些嘱咐，比如，吃药的注意事项、除了吃药还要做哪些事情、饮食起居上有什么要求等。家长应告诉孩子谨遵医嘱，有不清楚的要马上问医生。此外，多喝水、多休息、不喝冷饮等对身体的痊愈也很重要。

● **让孩子养成阅读药品说明书的习惯**

每次服药前，提醒孩子阅读药品说明书。一是查看药品的使用方法，结合医生处方，确定自己的用量。二是查看药品的不良反应、禁忌和注意事项，知道用药之后出现哪些情况是正常的，出现哪些情况属于不良反应。出现不良反应时，应立即停药。

● **让孩子参与照顾生病的家人**

家里有人生病了，在孩子身体允许的情况下，可以让孩子参与照顾。一来这是家人之间的互相关心，二来也是锻炼孩子必需的生活能力。这个年龄段的孩子可以帮着端水送药、测量体温、做病号饭、给卧床的病人擦洗身体等。

鼓励孩子安排日常家务和统筹较复杂的家庭事务

"东东，该起床了！"周六上午，妈妈喊了几遍，东东还赖在床上不想起来，"赶快起来吃早饭，然后陪妈妈去超市买东西。"东东不情愿地说："我还有好多作业要做呢。"周日吃午饭的时候，爸爸说："咱们下午一起去公园跑步吧。"东东说："不行，我约了亮亮去打球。"

孩子逐渐成长，对事情会有自己的安排，而家里也有很多事需要他参与。孩子可能考虑不到那么多，难免顾此失彼。

家长可以让孩子多参与家庭事务的安排和计划，既能够很好地协调家庭事务，也可以锻炼孩子的统筹能力，树立主人翁的意识。

● **和孩子一起制订周末计划**

一到周末，家长会安排一些家务劳动和家庭活动，比如打扫卫生、洗衣服、购物、出游、探亲访友等。而孩子可能也有自己的想法，睡个懒觉、和同学出去玩、打打游戏……家长要鼓励孩子参与统筹安排家庭活动。比如让孩子在周五的晚上，问问家人都有什么安排，再结合自己的安排和家长一起制订周末计划。家长如果有全家出行的计划，也提前告诉孩子，以免和孩子已经计划好的安排冲突。

● **和孩子一起制订出游计划**

做出游攻略无论对家长还是对孩子来说都是一个很好的学习机会。家长可以和孩子一起通过查阅资料、与别人交流等方式，了解目的地的风土人情、名胜古迹，一起商量要去的景点、要品尝的美食、要体验的活动等。制订出游计划时，引导孩子要考虑自己和家人的时间、家庭预算、出游家庭成员的喜好以及身体状况等因素。

出行前，指导孩子根据目的地的具体情况确定需要带的物品。可以先列个清单，将需要带的物品分成若干类别，比如证件、食品、衣物、电子产品等，让孩子把想到的一一列出，家长再进行补充调整。练习过数次后，孩子就能很熟练地准备行李了。还可以列出一份常用的出游清单，以后再出门时稍加调整就可以了。

- **规划节庆活动，让孩子做主角**

比起周末计划，节庆活动规划的内容更加丰富。节假日、家人生日、家庭纪念日等特殊的日子，可以多让孩子参与策划安排聚会、置办礼物、制定菜单、布置场地……孩子可能会有很多想法，家长要告诉他们需要考虑哪些因素，让孩子学会统筹考虑——邀请哪些人、要准备哪些东西、预算是多少、先做什么后做什么等。

- **走亲访友，别让孩子只做"小跟班"**

带着孩子走亲访友，可以尝试让孩子帮着挑选礼物，让他们根据对方的年龄、喜好，结合当下新颖或流行的产品，再考虑家长的预算，综合多方面因素选择礼物，说不定会很有新意，孩子也会更有"当家人"的感觉。出发的路上，还可以和孩子商量到了人家那里该说些什么，聊些什么，让孩子在待人接物方面表现得更好。

让孩子学会适应社会

引导孩子主动适应新环境

小文以高分考入市重点高中,感到非常骄傲。然而,进入高中学习已经一个多月了,小文却始终没有找到自己的节奏,期中考试的成绩也不理想,这让在初中一直是尖子生的他产生了极大的心理落差。再加上平时总是独来独往,基本不跟同学们交流,小文在这里感到越来越孤独。

高中阶段是孩子心理发展从未成熟逐步走向成熟的特殊阶段,也是个性定型的关键期,更是一个人世界观形成的关键时期。学校是孩子个性社会化的重要场所,同伴群体对个性发展具有比较强的影响,校园自然环境、文化环境也对孩子个性发挥着影响作用。因此,快速地熟悉高中的学习环境,适应高中生活,建立稳定的同伴关系对高中阶段孩子的个性素质发展具有重要的意义。

孩子从初中升入高中,经历过从小学升入初中的环境改变,已经具备了一定的适应能力。但高中阶段是经历过选拔性考试以后的学习阶段，孩子在高中面对的同学大部分都与自己的成绩水平不相上下，甚至比自己优秀很多。进入高中后，学业压力陡然增大，孩子容易出现不适应、跟不上的现象。家长要引导孩子提前规划好中考后的暑期生活，以主动、积极、开放的心态面对新学校、新同学，重新定位自己，正确认识自己。鼓励孩子多参加学校的集体活动，如果孩子在学校住宿，还要提前培养孩子一些独立生活的技能。

● **提前规划暑期生活，了解新学校**

中考结束，孩子将面临一个超长的暑期。家长和孩子可提前规划这个假期，合理安排学习和休闲娱乐的时间，以便孩子进入高中后更好地适应紧张的学习生活。

考后3~5天，让孩子好好放松一下，做些自己感兴趣但平时没有时间做的事。

考后1周，紧张的情绪基本上得到了纾解，孩子可以去图书馆、书店走一走，选择一些自己喜欢的或与高中学习有关的课外书，利用这段假期好好读一读，培养坚持阅读的习惯。

考后半个月，是中考成绩公布的时间。这时孩子的心理波动会比较大，家长要引导孩子以平常心看待考试分数。成绩出来以后，家长可以和孩子一起商量填报志愿，选择自己心仪的学校。等待录取通知书送达的时间，家长可以带孩子外出旅行，领略祖国大好河山，增长旅途见闻。

7月底左右，中考录取工作基本结束。这时候，孩子基本确定将要就读的学校。家长可以和孩子一起了解新学校，考察一下从家到学校的路线，在学校门口合影，让孩子对新学校充满期待。

进入8月，孩子可制订与高中学习接轨的计划。语文学科，可以侧重于阅读高中语文相关的名著；英语学科，要积累词汇量，有能力的同学可以通过阅读英文原版材料提高英语阅读能力；数学、物理等学科，可以提前预习，阅读教材，做些习题，保持做题的手感和状态。

● **调整心态，积极开放地面对新同学**

孩子进入高中后，陡然和之前的好朋友分开，面对成绩水平和自己差不多甚至比自己优秀的同学，容易心理失衡，对新同学产生排斥，还可能会封闭自己。家长要引导孩子主动与他人沟通，正确看待朋友的聚散。在跟孩子交谈的时候，家长要避免用问询式口吻，在孩子诉说困惑时不要用责备或不屑的语气。温馨轻松的氛围有助于孩子吐露心声，为了达到更好的沟通效果，家长可以多采用非正式沟通方式，例如在接孩子放学的路上交流，吃完饭一起收拾厨房的时候交流等；可以采用非语言交流方式，例如发信息、写信等。在交谈中，家长要注意了解孩子对新同学的态度，适度给予指导，帮助孩子以积极、主动、开放的态度面对新同学。但是，家长要避免居高临下地灌输自己的观点。

● **正确面对考试成绩**

进入高中后，孩子将要面临更重的学业压力。家长要引导孩子保持乐观、端正的心态对待学习，采取积极的行动，克服学习中面临的困难。孩子过于看重考试分数，可能会因一两次成绩不好或者某科成绩不好而对自身能力产生怀疑，否定自我，不能客观地分析原因，进而产生考试焦虑，害怕考试，无法提高成绩。家长要关注孩子的学习过程，引导孩子正确面对考试成绩，分析考试失利的原因。例如有些孩子上课跟不上老师的速度，可以让孩子提前预习，先学一遍，带着问题去听讲；有些孩子没有合理利用时间，要帮助孩子制订计划，有效管理时间。同时，要创造机会让孩子体验成功的喜悦，例如找到孩子擅长的学科或者特长，让孩子从擅长的方面行动，通过每一次的成功收获更多的自信。总之，要让孩子找到适合自己的学习方法，转变学习方式，提高学习效率，进而逐步提升学习成绩，适应高中的学习节奏。

● **适应住宿生活**

很多孩子升入高中后就开始了考验独立生活能力和适应能力的住宿生活。对于住宿的孩子来说，能否适应住宿生活，是能否快速适应高中生活的关键。如果孩子进入高中以后要住宿，家长要提前让孩子了解住宿生活，了解学校的住宿条件，告诉孩子住宿和在家里生活的区别，在思想上做好住宿的准备。

利用暑期时间，锻炼孩子独立生活的技能，例如整理个人物品、整理床铺、打扫卫生等。住宿生活初期，家长不要过度关注孩子的住宿生活。孩子对住宿条件和住宿生活产生抱怨时，家长要适度引导，帮助孩子度过适应期。有的时候孩子稍微有点不适应，家长就给孩子请假或者经常来看望孩子，也会阻碍孩子主动适应新环境的进程。同时家长也要教孩子与同学分享，对同学多一些宽容和谦让。和谐的同伴关系会让孩子更快地适应住宿生活。

培养孩子的独立意识和独立能力

小书从小就是别人家的孩子，特别听话，父母说什么就是什么。都说青春期的孩子表现叛逆，但小书的青春期也非常平静，依然是非常听话地度过了整个初中生涯。升入高中，小书突然提出要住校，要独立生活。妈妈觉得每天送小书上学在时间上是允许的，在家里住很好，不同意小书住校。母女俩第一次发生了争执。

伴随着生理的逐渐成熟，高中生会产生强烈的独立性需要，他们自我意识明显增强，更渴望摆脱成人的控制，渴望独立。父母要及时给予肯定和支持，适当引导，培养孩子的独立意识和独立能力。

● **鼓励孩子独立思考、表达自我**

独立思考是指个人获取、加工信息，通过独立思考发现和解决问题的能力。独立思考既体现在学习过程中，也体现在生活中面对各种问题时的状态上。家长要鼓励孩子在学习中遇到问题时先积极思考，而不是遇到问题就上网找答案或者问老师。要学会分析题目考查的知识点，思考问题的解决方法，这样通过独立思考获得的知识，才能最终内化于心。

很多人总是习惯于待在自己的舒适圈，出去玩儿愿意去之前熟悉的场所，外出吃饭愿意去常去的地方点熟悉的菜品，这样比较容易获得安全感。家长可鼓励孩子跳出舒适圈，勇于尝试新鲜事物，不要陷入惯性思维。

家长也要有意识地培养孩子质疑的思维。这里的质疑不是抬杠，而是对已有观点的怀疑，对已有现象多问几个为什么，广泛搜集各方面的资料，多方比较，深入思考，再得出结论。

● **培养孩子的决策及信息辨别能力**

人生要面临很多次选择，如果缺乏决策力，在遇到事情时犹豫不决，左右摇摆，不能果断地决定和行动，容易坐失很多良机。在日常生活中，家长要多给孩子做出决策的机会，对于孩子所做的选择，没有原则性问题的，不轻易否定，要给予支持。即便是错误的选择，也可在能承担风险的范围内让孩子自己面对后果。

家长可以安排孩子独立完成一件事从计划到执行的全流程，并对孩子提出的合理要求予以支持。对孩子自己的事情，家长要少干预，不过度指导，培养孩子独立完成一件事的能力。

培养孩子获取各种有用信息的能力，提高对信息的辨别能力。现代社会获取信息极度快捷和方便，但如何判断所获取的信息是有用还是无用，是正确还是错误，需要加强对信息的辨别能力。父母可以了解一下孩子常登录的网站和常关注的公众号、视频号等，判断信息来源是否权威，避免孩子受到不良信息的干扰。

● **保持开放的思维**

尝试用不同的方式思考已有的问题，时刻保持开放性的思维。每个人的思考方式都会存在盲区，学会倾听不同的建议和想法，学习多维度的思考方式，接受多元的文化，用开放包容的心态面对生活中的事物，有利于我们找到更好的应对方式，处理好生活中出现的难题。

激发好奇心。小孩子在面对新鲜事物时都会惊叹，成年人则很淡定。很多人会说这种淡定是成熟的表现，然而对新鲜事物发自内心的赞叹和好奇是让思维开放发散的基础。

网络是个开放性的世界，可以让孩子接触多样的思想观念、多元的文化以及不同的生活方式，开阔视野，突破传统的校园文化生活和狭窄的交往圈子。如果能正确引导，合理控制孩子使用网络的时间和方式，有利于孩子保持开放的思维，激发好奇心，形成独立开放的人格。

● **坚持自己认同的主张和做法**

从众心理是个体普遍的心理现象，在群体的影响或压力下，人们往往会放弃自己的意见或违背自己的观点，让自己的言论、行为与群体保持一致。盲目从众会导致个体思维的丧失，因此要引导孩子在面对问题的时候从多个角度分析问题。当孩子有不一样的观点和见解时要给予鼓励，逐步增强孩子的自主思维，让他们坚持自己的判断和观点，做到不盲从、有主见、理性化。

培养主动调节情绪的意识和能力

距离高考只有几个月的时间了，小青却郁郁寡欢，放学后总是一个人待在房间里，有时候还偷偷哭。妈妈关心她，她就说没事，问多了，小青就发脾气："让你别管我，我自己会好的！"妈妈担心这样下去会影响小青的学习成绩，更害怕小青这种情况会引发心理疾病。

　　人对事物的认知比较容易受到情绪的影响和裹挟。积极的情绪能够让人思维活跃，提升工作和学习效率，保持良好的心态，对人宽容友善。反之，消极的情绪会让人的理性思维停止运转，判断分析能力下降，让人失去理智，自控能力降低。

　　随着高中学业压力的增大，高中生容易出现情绪的起伏。这个年龄阶段的孩子处于青春发育后期，随着性机能的成熟和性心理的发展，孩子逐步接近于成人，同伴交往、异性交往的问题比较突出，对情绪的影响也比较大。他们对情绪的把控和调节较初中阶段有了一定的提升，但这方面的意识和能力还是比较欠缺。家长要有意识地留给孩子自我调节情绪的空间，帮助孩子认识到自我调节情绪的意义，了解情绪对健康的影响，找到适合孩子的调节不良情绪的方法，帮助孩子增进积极心理体验，促进孩子积极人格的发展。在日常生活中，家长要创造良好的家庭氛围，保持平和心态，为孩子做出榜样。

● 了解情绪对健康的影响

　　情绪会直接影响人的健康。积极的情绪对人的健康会产生积极的影响。反之，负面情绪会对人的健康产生消极的影响。一方面，负面情绪会影响人的心理健康，例如抑郁症初期的主要表现就是不开心、易哭、睡眠不好等，如果不及时调整排解，负面情绪就可能会造成心理问题。另一方面，负面情绪会影响人的身体健康。很多人都有这样的经历，伤心难过的时候会吃不下饭，进而导致胃痛，生气愤怒的时候感觉胸腔疼痛，郁闷的时候会头痛，等等。负面情绪不仅仅是一种心理状态，很多时候会通过人的生理表现反应出来，久而久之，对人的健康造成极大的伤害。

● 培养孩子主动调节不良情绪的意识

高中生已经具备了自我调节的能力,自主意识也比较强烈,当孩子出现不良情绪时,家长可遵循"不求助不帮助"的原则。如果孩子没有主动求助,家长可以装作不知道,不要过分关注,围着孩子问"你怎么了"容易引起孩子的反感。家长可以多观察,看一看孩子有没有自我调节情绪的意识。如果孩子总陷在不良情绪中,家长可以适当创造条件,帮助孩子转移注意力。例如带孩子看场电影,一起去做喜欢的运动,看放松心情的视频等,陪着孩子乐一乐,笑一笑。研究表明,一个人大笑的时候,身体能立即释放内啡肽,驱走负面情绪,缓解压力。当孩子发现通过这些方式可以消化负面情绪时,未来再遇到不良的情绪,也会自己尝试去调节。

● 了解并掌握情绪调节的具体方法

调节负面情绪的方法有很多,平时可以和孩子共同学习,例如:自我激励法,对着镜子微笑;呼吸调节法,深呼吸保持情绪冷静;注意力转移法,做自己喜欢的事,听听音乐,进行户外运动;倾诉法,写日记,告诉自己的好朋友等。

家长要关注和陪伴孩子,在孩子需要时给予适当的帮助,引导孩子分析情绪产生的原因,寻找解决问题的办法,让孩子掌握正确的处理方式。在处理情绪问题的时候,家长要多给孩子留些空间,接纳孩子的情绪,耐心听孩子的想法和意见,了解孩子的真实感受和需求,给孩子试错的机会。

在平时生活中,家长要多给予孩子鼓励和肯定,善于发现孩子的成长与进步，肯定孩子的优点和长处，接纳孩子的缺点和不足，培养孩子独立、自信的品质。

- **创造良好的家庭氛围**

良好的家庭氛围能够使孩子感受到家长更多的关爱。在充满爱的家庭中成长的孩子，性格更加活泼开朗，情绪也比较稳定，更乐于与人交往，适应能力强。反之，如果父母双方的矛盾冲突多，家庭氛围比较压抑，孩子容易出现孤僻自卑、郁郁寡欢、情绪冲动等负面情绪。家长在生活中要经常保持平和的心态，妥善处理矛盾，善于沟通，相互尊重，让孩子在温馨和谐的家庭环境中成长。

帮助孩子提升妥善处理人际问题的能力

高一入学伊始，性格外向、跟谁都自来熟的小果很快就结交了不少好友，回家爱和妈妈说这些同学的趣事。过了一段时间，她不再说趣事，而是和妈妈说："某某太讨厌了，我让她帮我做一下值日，她说没空，转身却和同学去操场打球了。我再也不想跟她说话了。"又过了几天，她说："班长让我在运动会上读宣传稿，这个活儿可太累了，还得在太阳底下晒着，我可不想参加。"随着时间的推移，妈妈又发现小果回家再也不说自己的同学了，问她的时候她就说："他们都很讨厌，我不想跟他们交往了。"

高中阶段，能与他人建立并维持友谊，体现出孩子认知与情绪情感能力方面的进步，以及他们积极人格特质的发展。和谐的人际关系可以有效促进孩子的社会化发展，帮助孩子形成积极、乐观的性格，促进心理的健康发展。

从狭义的角度来说，高中阶段的人际关系主要包括同伴关系和师生关系。

高中阶段的友谊，往往能伴随一个人一生。孩子会渴望与同伴有更长时间的相处和更加深入的交流，以期从同伴那里获得更多的心理支持。女生在这个阶段有了烦恼或者心事，更愿意和好朋友倾诉。男生则更注重义气，当朋友遇到问题时会鼎力相助。同时，孩子在这个阶段感受到的同伴压力也会比较大，无论男女生，都格外关注同伴对自己的评价和看法，更愿意和同伴保持行动一致，比较担心如果不能够和同伴一起行动，会被孤立或者中断友谊，在行为上受到同伴的影响会比较大。

良好的师生关系也能够为孩子提供有效的社会支持，有利于孩子自尊自信和自我效能感的提升。亲其师，信其道。师生关系好的孩子，往往学科成绩会不断提升。反之，很多孩子会因为与某个老师关系恶劣而导致该学科成绩下降。

孩子渴望独立，在遇到困难和问题时更愿意自己尝试去解决，有了人际关系的困惑往往会独自承受，但受到经验和能力的限制，有时候不能妥善处理矛盾与冲突。家长要经常与孩子沟通，了解孩子在人际关系方面的现状，引导孩子正确面对和处理人际关系中的矛盾与冲突，支持孩子的正常社交，帮助孩子拥有良好的人际关系。

● 了解孩子是否存在人际关系方面的困惑

创造轻松的聊天环境。孩子上高中以后，可能不像之前一样愿意主动跟父母交流，父母不要刻意地去询问，可以做饭的时候让孩子适当帮帮忙，边干活边聊天；外出散步或者运动等比较放松的时候，可以选择一些相关的话题切入。

关注孩子有没有同伴交往方面的困惑。如果出现问题，不要着急指导孩子，听一听孩子自己是怎么想的，有什么样的解决方法，在孩子需要的时候及时给予帮助和指导。如果孩子跟同伴发生冲突，要引导孩子思考冲突发生的原因以及怎样避免冲突再次发生。切忌一味让孩子躲避或者远离冲突，或者将冲突的原因全归到自己或对方身上。

● **学会换位思考**

在处理人际关系时很重要的一点是要引导孩子学会换位思考，这样更容易理解他人的态度和行为。换位思考是让我们将自己的内心世界，如情感体验、思维方式与对方联系起来，站在对方的立场感受和思考问题。

● **提高个人能力和交友技巧**

个人能力和交友技巧在很大程度上能够帮助孩子获得同伴的欢迎，例如性格外向、兴趣爱好广泛或者有一定特长的孩子更容易快速地与他人建立人际关系。孩子在运动、艺术或者学习方面拥有比较高的能力，会更容易获得同伴的关注、认可和接纳。

● **培养个人品格和修养**

路遥知马力，日久见人心。保持长期牢固的友谊，个人品质与修养显得尤为重要。例如，坦诚、宽容、感恩的心态会更容易得到别人的认可与帮助。父母要引导孩子学会宽容待人，对同伴保持真诚与友善。

高中阶段，同伴关系中更加强调平等尊重、互信互惠，在面对亲密的同伴关系时，父母也要引导孩子关注同伴关系中的边界感。关系再亲密再好，也不能侵犯个人隐私，不违反对方的自由意志，不干涉对方的个人生活等。

鼓励孩子参加集体活动，锻炼协调、合作的能力

暑期来临，作为学生会志愿者部的成员，小西和部里的同学共同策划了暑期志愿服务活动，招募了一批志愿者，定期慰问社区的孤寡老人。在这之前，小西也组织和参加过很多志愿服务活动，但这次妈妈却不同意小西参加。妈妈说："你马上就要升入高三了，必须把全部精力放在学习上。这些活动又不能给高考加分，现在参加没有意义。等你考上大学，你想怎么参加就怎么参加。"

高中阶段，随着独立意识的觉醒和独立能力的提升，孩子的阅历逐渐丰富，会经常自主组织一些集体活动。在集体活动中，孩子需要统筹不同方面的力量，促成分工和协作，达成群体目标，使合作顺利进行。与他人合作、沟通、协调的过程能提升孩子的社交能力，增强分析问题、解决问题的能力，培养责任感，促进他们形成健康的人格。

家长对孩子参加集体活动的态度，可能会在孩子的思考方式、行为方式、接人待物等方面产生潜移默化的影响。很多家长会担心集体活动耽误孩子的学习时间，影响孩子的学习状态，有的还会阻止孩子参加集体活动，应转变这种观念。

● **引导孩子正确看待集体活动**

集体活动能在短时间里减轻孩子之间的陌生感，搭建友谊的桥梁。家长要引导孩子正确看待集体活动，鼓励孩子积极参加，以乐观的心态主动融入集体中，享受活动带来的乐趣。在活动前，家长可以和孩子一起了解活动的时间、地点、参与者、流程等，表达对活动的期待。孩子参加完活动后，家长要及时与孩子交流活动的情况，了解孩子参加活动的感受，问一问孩子在活动中印象最深的人或事。

如果活动存在竞争，家长要引导孩子正确看待，不把名次或成绩作为评价孩子的主要标准。如果发现孩子在活动中表现出了良好的品德，要给予鼓励和肯定。引导孩子处理好个人与团队的关系，让孩子在活动中学会与他人合作，共同进步。

● **鼓励孩子承担班级工作**

有研究表明，在学生阶段承担班级工作的孩子，其个人成就感、自信心会更高，学业成绩也往往更突出。究其原因，一方面可能由于能够担任班干部的孩子本身个人学习成绩和能力比较突出，另一方面可能由于班干部作为老师的助手管理班级事务，会得到老师更多的信任与鼓励，有更多锻炼和展示自我的机会，在无形中为他们建立了自信和成就感。如果孩子愿意承担班级工作，家长要给予肯定和支持。当班级工作和学业发生冲突时，家长要引导孩子自主安排。当孩子在工作中遇到困难和挫折，家长要鼓励孩子勇敢面对，给予孩子支持和帮助。

班级工作在一定程度上的确会占用孩子学习的时间，然而从长远发展来看，承担班级工作有利于孩子的个性发展。

● **引导孩子发挥特长、弥补弱势**

每个孩子都有自己的特长。家长要理解并尊重孩子，引导孩子发现自己的优势和特长，提供更多的机会，支持孩子在优势领域有所发展。例如，带孩子参加自己擅长的挑战活动，鼓励和赞美孩子做得出色的方面，让孩子感受到成就感和价值感。

每个孩子也会有自己的短板。家长要以平常心对待，分析孩子在弱势领域方面潜在的生长点，在日常生活中多给予指导，寻求恰当的资源和学习机会，鼓励孩子勇于尝试，给予更多的时间和空间让孩子得到更多锻炼，肯定孩子的点滴进步。

培养孩子成为合格公民

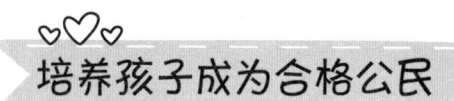

鼓励孩子分担家庭事务,培养家庭责任感

　　小明回到家就坐在沙发上玩手机,毫不关心家里的杂乱和需要完成的家务。妈妈在做晚饭时,发现小明没有按照之前的约定来帮忙,责备小明没有家庭责任感,不愿意为家里做任何事情。小明反驳道:"我太忙了,没有时间做家务。"

　　每个家庭成员都应该为家庭的和谐运转做出贡献,这样整个家庭才能更好地生活。高中阶段是学习和发展的关键时期,孩子需要投入更多的时间和精力去学习,并参加各种课外活动、社交聚会等,这会让他们感到时间紧迫,潜意识里认为自己没有做家务的必要。此外,有些高中生还可能缺乏处理家务的技能或知识。

　　尽管如此,家长仍然可以帮助孩子克服这些困难,通过召开家庭会议等形式,与孩子平等、开放地讨论家庭事务,指导和支持孩子完成适量的家务,鼓励和认可孩子在家务方面付出的劳动成果，培养孩子的家庭责任感。
- **设定明确的期望和规则**

  家长可以和孩子一起讨论家庭成员在家庭中的角色和责任，分享彼此的想法和期望，确保大家对家庭责任的意义有一个共同的理解。根据每个人的能力和兴趣制定家务分工，明确每个人应该负责的任务和时间，确保分工是公平和合理的。这样可以让孩子在家务上有责任感和参与感。

- **设置榜样**

  家长要以身作则，承担自己的家务责任，展示出对家务的重视。孩子看到家长在家务方面积极主动的态度和高标准的表现，可能会受到鼓舞，愿意模仿这种行为，创设整洁有序的家庭环境。也可以邀请孩子共同完成家务，让孩子感受与家长一起参与家务的重要性和乐趣。

- **逐步参与家务**

  让孩子负责一些日常的家务，并逐渐增加他们的责任范围，提高家务劳动的难度，例如支付家庭账单、购买家庭物品等。对孩子可能不熟悉的家务，给予逐步的指导和培训，帮助他们掌握正确的工作技巧和方法。也要根据孩子的学业和日程安排，灵活调整分担的家务和时间安排，避免给予过重的负担。

- **培养独立性和自我管理能力**

  鼓励孩子独立完成自己的事务，如管理个人时间表、整理房间、处理个人财务等，鼓励他们权衡利弊、做出合理的决策并承担后果。这样可以帮助他们培养责任感和自我管理能力。

  鼓励孩子面对问题和挑战时独立寻找解决方案，必要时提供支持和指导。重要的是给予孩子信任和支持，培养孩子的独立性和自我管理能力。

- **参与家庭决策**

  向孩子展示参与家庭决策的重要性。鼓励孩子在重要的问题上发表自己的观点，并与他们讨论如何在家庭中做出贡献。这也能增强家庭成员之间的合作和沟通，构建更积极和谐的家庭氛围。

● **提供激励和奖励**

设立奖励机制，鼓励孩子积极参与家庭事务。例如，达成目标后可以参加特殊活动、获得额外的奖励或享受家庭内的特殊待遇。与孩子保持开放和持续的沟通，给予他们赞赏和鼓励，提供正面反馈，以激发孩子的积极性和责任感。

鼓励和培养孩子在团体中承担青少年领袖的角色

小红和朋友们将要举办一次露营活动。在活动筹备阶段，团体中的成员意见不统一，没有明确的角色来负责任务分配和时间安排，讨论变得混乱。在活动当天，食物准备出现了问题，参加露营的小伙伴们分餐后仍未吃饱。大家饿着肚子搭建帐篷，但在搭建过程中遇到了困难，没有人能够提供合适的指导和解决方案，小红在支杆子时划破了手也没能及时处理。大家不得不中途解散。

这个小团体中由于缺少青少年领袖角色的存在，团体成员意见不统一，团队合作效果不佳，导致活动准备和执行不顺利，最终以失败告终。有成员发生了意外的情况，由于缺乏领袖的指导，团队也无法迅速有效地应对。

青少年领袖在团体中扮演着十分重要的角色。领袖发挥组织、指导、决策和协调的职能，使团体能够更好地应对挑战并取得成功。尽管家长对孩子在团体中承担领袖角色的态度不尽相同，但不少家长仍能认识到这对孩子的发展有益，支持和鼓励孩子发展领导能力。

● **了解孩子的兴趣和能力**

保持与孩子的良好沟通是了解他们兴趣和能力的关键。倾听他们的想法、意见和兴趣，给予他们表达的机会，观察他们在学校、社交活动和课外活动中的表现，尊重他们的选择，并支持他们参加感兴趣的团体活动。

● **鼓励多样化的尝试**

引导孩子保持开放思维，接受新的挑战和体验，培养对不同领域和活动的好奇心，认识多样性的重要性，并理解身处不同环境中的价值。鼓励孩子参加不同类型的团体活动，如学生会、社团、义工组织等，发展多方面的领导技能，并丰富他们的经历，开拓他们的视野。在孩子决定承担领袖角色时，提醒他们相信自己的能力，鼓励他们克服困难、勇于担当。

● **寻求机会和培训资源，带领团队成员形成凝聚力**

帮助孩子寻找参加领导力培训课程、参加研讨会或参加夏令营的机会。这可以加强他们的领导能力和技能，并与其他有相同兴趣的青少年互动，让他们学会与不同的人合作、分工、协调，培养沟通能力和解决问题的能力。同时，鼓励孩子参与决策过程，让他们有机会在团队中解决问题。必要时提供指导和支持，帮助他们学会权衡利弊、分析情况，做出明智的决策。

● **带领团队制定规则**

告诉孩子作为团队的领导者，要展现出开放的态度，鼓励团队成员表达他们的需求和关注点。确保每个人都有机会发表意见，尊重每个人的贡献，同时也要保持秩序和团队的效率。通过共同努力制定并遵守规则，帮助团队建立良好的合作环境和积极的团队文化。

● **成为低年级青少年的示范者**

鼓励孩子成为积极的行为榜样，成为低年级青少年的示范者。无论是在学业上还是在社交活动中，倾听低年级青少年的问题和困惑，尊重他们的观点和意见，与他们建立良好的沟通渠道，为他们提供支持和鼓励。做出示范行为，如尊重他人、诚实守信、友善和关心他人，表现良好的道德品质，影响和激励低年级青少年。

● **增强自信心**

给予孩子肯定和赞扬，让他们相信自己的能力，并给予他们机会展示领导潜能。在孩子遇到困难时给予支持和帮助，并提醒他们失败和挫折也是成长的一部分。

共同参与公益活动和志愿服务，培养服务社会的意识

木木坐地铁时看到了招聘地铁志愿者的宣传广告，他问父母："地铁志愿者是干什么的？什么样的人可以做志愿者呢？"爸爸妈妈也不甚了解，便和木木一起在网络上查询了地铁志愿者的相关信息，了解到他们的工作就是帮助工作人员制止不安全、不文明行为，配合处置突发事件，协助车站进行应急防汛处置等，保障乘客的安全出行。木木感觉非常有意义，当即表示他也要做地铁志愿者。

公益活动和志愿服务是无私奉献的崇高事业，集大家之力，推动社会发展、时代进步。青年志愿精神是我们中华民族的宝贵精神财富，当为他人服务的时候也让我们自身的价值得以发挥，被他人认可的时候也让我们的精神得到了愉悦，更能够提升自身素质，加强公民意识，所以参与公益活动和志愿服务有助于培养孩子的社会责任感。

高中阶段的孩子已经具备一定的行为能力，家长应该支持孩子参与公益活动和志愿服务，甚至可以和他们一起参与其中，帮助他们认识自己作为公民应该担负的责任和所享有的权利。

家长还要引导孩子通过多种渠道接触社会实际、了解社会需求，培养他们的公民意识、社会责任感，积极参与公益活动、志愿服务、公共决策等社会实践，在实践中增长见识和能力，并努力学习、提高多方面的素养和能力，

为未来承担社会责任做准备。

● **从小事做起**

众木成林,积水成河,引导孩子从自身做起,从小事做起,满足社会需求。比如,将社区里的自行车码放整齐;拾起地上的垃圾;擦拭公共休息座椅;咨询居委会有无志愿者的需求;关注公共场所的志愿者招聘信息;等等。

● **培养社会责任感**

家长可以和孩子一起思考社会为我们带来的便利,以及自己的行为对他人和社区的影响,帮助孩子们感受社会的力量和承担社会责任的重要性。

鼓励孩子思考公共决策的合理性

北京市科学建议奖里收录了不少来自青少年朋友的建议。小丁也想参与,他和爸爸说起此事,爸爸说:"这是一件好事呀,在社区里观察一下,看看哪里需要改进,就针对它提个建议呗。"小丁在放学路上特意看了看,但还是没有想法。

高中阶段是深入社会实践、培养社会责任感的重要阶段,让孩子参与思考公共决策的合理性是参与社会公共事务的一种途径。这可以培养孩子的思维辩证性、系统执行能力和语言表达能力,促进孩子的核心素养发展。

家长要引导孩子在学习科学文化的同时,关注社会发展,把所学与实践经验结合起来,积极参与社会建设,努力成为有社会责任心、主人翁意识的未来公民。

● **走进社会,用心体会与观察生活**

孩子不仅有学生的身份,更是一名公民。参与公共决策可以让孩子更明白自己作为公民有权利与责任参与社会建设,为社会发展建言献策。

家长可以带着孩子从社区、街道开始,从了解公共基础设施的投放与使用情况开始，引领孩子去切身感受它们的合理性与方便性，用心观察与体会，培养孩子参与社会发展的意识。

家长可以和孩子一起关心民生、交通、经济、医疗等热点时事，引导孩子关注公共决策，培养他们科学、勇敢地为政府或国家献策的意识。多与孩子交谈讨论，比如尝试以家人健康话题切入，分析一种决策对于个人或公共卫生和健康的影响，为孩子讲解卫生政策与我们的实际生活和切实利益的相关性。

● 从多个角度分析规则的适宜性和合理性

发现问题是第一步，更重要的是之后要尝试去解决问题，但社会规则的制定往往综合考量了多个维度的影响，所以解决问题也要从多个角度去分析背后的因素，再根据实际情况对现有规则进行调整和改进。

孩子的生活经验较少，思考不全面，需要家长尝试着用问题引导孩子进行辩证思考，比如："你觉得这个规则合理吗？""为什么不合理呢？""你有没有更好的提议呢？""你打算如何把你的想法告诉政府或管理部门呢？"

家长也要引导孩子从多个角度分析规则的适宜性和合理性，可从实用性、便捷性、经济成本、环保材料、收益效果等方面思考。为了更好地了解这些信息，家长要鼓励孩子进行社会调研，基于真实的数据综合考虑，认真思考规则与公共决策是否合理，若仍觉得有可改进的地方，可进一步提出科学性意见与主张。

● 交流和讨论自己的主张，共同促进公共决策发展

一个人看待问题的角度终究是片面的，公共决策切实关系到大家的利益，所以当孩子能够从自身角度提出主张以后，为了验证主张的科学性，还应与身边的人进行交流和讨论，咨询大家的意见，尽可能地达成共识。

家长可以协助孩子一起向孩子的亲戚、同学、老师、邻居、朋友等阐明

所发现的问题和初步制定的改进措施，咨询他们的想法，然后再梳理各方意见，综合考虑主要矛盾或主要影响因素，重新审视原来的主张，进行调整和修改，最终制定一个科学的、合理的主张或策略。策略形成后，也可与身边的人再次讨论、调研。

共同学习法律知识，树立正确的法治观念

小明17岁了，正在读高二。一天，他在放学回家的路上，发现一名陌生人正在偷自行车。小明觉得自己有权利且有能力阻止这种违法行为，于是上前制止。在与窃贼发生争执的过程中，小明贸然出手，导致窃贼身体受伤。

小明的行为可能被视为故意伤害，需要承担法律责任。小明原本是要阻止违法行为，却由于对法律认识不足，使自己也触犯了法律。

一般而言，高中生已经具有基本的法律观念，如尊重他人的权利、遵守法律法规、维护社会公平正义等。但是，他们对法律知识了解不全面，容易陷入法律误区或者触犯法律。家长可以从孩子关注的事件或者身边的案例入手，讲解背后涉及的法律常识，让孩子逐渐养成学法、守法、用法的习惯。

● 营造法治家庭氛围

家长首先要以身作则，自觉遵守国家的法律法规，尊重他人的合法权益。

家长可以和孩子一起关注社会法治现象，了解国家法律政策的变化，了解自己的权益是否受到影响。在家庭中传播法治观念和价值观，共同营造良好的社会风气，促进法治社会的建设。

家长要倾听孩子的想法，尊重孩子的意见和需求，建立一个平等、民主的家庭氛围。同时，教育孩子尊重他人的权益，遵守社会规范和公共秩序。在孩子的行为出现问题时，要给予正确的引导，而不是采取暴力或其他非法

手段。要让孩子明白违法行为带来的严重后果，促使他们自觉遵守法律。

● **让孩子参加法律实践活动**

有机会可以让孩子参加法律实践活动，如参观法院、观看庭审等。这些法律实践活动对孩子来说是新鲜、有趣的体验，能够激发他们对法律知识的兴趣，使他们了解相关的法律条款、证据运用、辩护策略，了解法庭的运作和司法程序，增强他们的法治观念，使他们意识到法律法规在解决纠纷中起到的重要作用。庭审中的案例可以让孩子明白违法行为将受到法律制裁，树立守法的意识。观看律师的申辩过程可以让孩子学习如何运用法律思维分析问题和解决问题，从而培养孩子的法治思维。

● **与孩子共同观看法治节目**

与孩子共同观看法治节目，特别是节目中的青少年犯罪专栏。

在与孩子观看节目时，引导孩子发现案例背后的问题，特别是节目中对于案例的分析。引导孩子针对某个情节或法律问题进行讨论。如"你认为这个行为的法律后果是什么"，"如果你是当事人，你会如何处理"等。在孩子表达自己的观点时，要引导他们进行深入思考，及时追问，如"你为什么会这么做"，"还有没有其他的处理办法"等。这样可以帮助他们更好地理解法律知识和观念，从不同角度分析问题，培养他们独立思考的能力。

在节目结束后，与孩子一起总结和回顾节目中的主要内容、法律知识点以及讨论的观点，帮助孩子巩固所学的法律知识。鼓励孩子将法律知识应用到实际生活中，增强法律意识。

● **家庭模拟问题情境**

在家庭中设计一些现实生活中的法律问题情境，如邻里纠纷、消费者权益保护等，让孩子模拟情境中的当事人，思考"遇到这些问题时我会怎么解决"等问题，引导孩子运用合理的法律途径解决问题。

- **理智处理纠纷，利用合法途径解决问题**

当家庭成员遇到一些纠纷时，如购物纠纷、网络侵权、交通事故等，要保持冷静和理智，避免情绪化，以免影响解决问题的效果。与对方协商沟通，理智地看待问题，从而找到合适的解决方案。在冷静处理问题的过程中为孩子树立情绪稳定的榜样。

当纠纷不可协调时，可寻求协商、调解、仲裁、诉讼等，让孩子了解每种途径的适用范围和操作方法，明白合理、合法的解决途径才是最有效的方法。并让孩子知道当自己的合法权益受到损害时，要学会用法律的武器保护自己。

鼓励孩子深入了解中华优秀传统文化

小芳将大部分时间和精力都投入到了学科知识的学习上，对中华传统文化的相关知识了解有限，仅限于一些基本的历史事件和文学名著，对其背后的文化内涵和价值观知之甚少。她经常觉得在课堂讨论和与同学交流时，自己的知识储备捉襟见肘。

传统文化反映了一个民族的历史、精神和价值观念，能在个人的道德品质、审美观念等方面产生积极影响。一般情况下，高中生已经学习了一定的中华传统文化知识，如历史、文学、哲学等方面的基本内容。但是，他们可能很少参与传统文化活动，对相关知识的了解主要局限于课堂，且尚未达到深入研究的程度。他们可能对中华优秀传统文化的价值有所认识，但还没有充分意识到传承和发扬中华优秀传统文化的重要性。家长可以从孩子感兴趣的作品或者传统节日入手，了解其中蕴含的文化内涵，培养他们对中华优秀传统文化的热爱和传承意识。

● **在家中营造传统文化氛围**

家长首先要以身作则，关注和了解中华优秀传统文化，积极参与传统文化活动，用自己的言行影响孩子，带动孩子逐渐对中华优秀传统文化产生兴趣。

创设有利于孩子接触中华优秀传统文化的家庭环境。在室内布置时，适当添加一些传统文化元素，如悬挂中国画、摆放瓷器等，并给孩子介绍相关的传统文化知识。

● **丰富孩子的传统节日体验**

中国传统节日，是中华民族悠久历史文化的重要组成部分。中国传统节日通常包含了丰富多彩的习俗和活动，如春节贴春联、放鞭炮、包饺子，端午节包粽子、挂艾叶等。通过参与这些活动，孩子可以了解历史背景，学习传统习俗，并逐渐理解传统文化的内涵。如，端午节包粽子与爱国诗人屈原的关系，中秋节赏月风俗的演变等。

传统节日往往还伴随着丰富的艺术表演，如舞龙舞狮、戏曲表演等。通过观看这些表演，孩子可以感受传统文化的艺术魅力，并增进对这些风俗内涵的兴趣，去了解这些艺术表演有何用意。

● **和孩子观看传统文化节目**

家长可以陪同孩子观看一些讲述传统文化的纪录片、电影、电视剧等，让他们在观影过程中感受传统文化的独特韵味。

在观看过程中，家长可以引导孩子提出问题、发表观点，鼓励他们积极参与讨论。这些问题可以帮助孩子了解相关的文化常识，将传统文化与现实生活联系起来。

观看后，帮助孩子总结和反思节目内容，引导孩子进一步了解相关知识，阅读古典名著、历史典籍等，让他们了解传统文化的博大精深，培养对中华优秀传统文化的认同感。

● **参与实地考察参观**

带孩子参观历史文化遗址、博物馆、文化古迹等，让他们亲身体验传统文化的悠久历史和独特魅力。这些地方通常陈列着丰富的文化珍品，孩子通过实地考察参观，可以进一步了解和学习传统文化的历史、艺术和科技，提高文化素养。

引导孩子关注国家的发展变化，将理想与国家发展相结合

李健是一名高三的学生。谈起他的高考志愿填报，爸爸希望他报考中国农业大学，将来从事农林研究，为国家的农业发展做贡献。可李健却认为无论自己将来做什么都是为了挣钱养活自己，和国家发展没有关系。

高中阶段，孩子更关注个人事务和短期利益，认识不到个人发展和价值实现与国家的前途、命运是紧密相关的；也可能觉得自己无法对国家发展做出实际的贡献或影响，缺乏参与的机会。

家长可以通过提供信息、组织活动、增加教育内容等方式，引导孩子关注国家的发展变化，学会将个人理想与国家发展进步相结合，并与当前的学习、生活实际联系起来。

● **和孩子一起了解和国家发展有关的资讯**

与孩子一起观看或阅读和国家发展相关的新闻、纪录片、图书、文章等。记录在普通的岗位上为国家的建设做出贡献的电影或纪录片，能够触动孩子将自己的理想与国家的发展联系在一起。

营造和谐的家庭氛围，共同讨论和国家发展有关的话题，激发孩子对国家发展的兴趣和关注。也可以与孩子一起讨论国家的重大决策、政策和发展

规划，加深他们对国家发展的认识和理解。

● **和孩子一起参观相关的展览**

带孩子参观关于国家发展历程的展览。通过展览，孩子可以了解中国的历史、文化、科技、经济等方面的发展，增加对国家发展的认知和了解。在参观过程中，家长可以向孩子解释展品的来历和含义，引导他们思考中国在不同时期所面临的挑战和发展变化。适当进行互动和提问，鼓励孩子表达自己的观点和想法。还可以与孩子一起观看展览附带的多媒体展示，或者参与展览工作人员组织的互动活动。

● **带领孩子参与志愿服务**

提供孩子参与志愿服务的机会，让他们亲身体验并感受国家发展与个人行动的紧密联系。比如参与清理垃圾、植树造林、推广节能减排等活动，也可以参与社区服务，从身边的事做起，比如社区清洁、老年人关怀、帮助弱势群体等。通过亲身经历，让孩子感受到自己对国家和社会发展的贡献，培养孩子的社会责任感和使命感。

● **参观能够体现国家发展的工程**

祖国的高铁工程、航天工程、大坝工程等都是国家建设成就的具体表现。参观这些能够体现国家发展的工程，能够增强孩子的民族自豪感，激发家国情怀。比如在参观三峡大坝之前，可以给孩子介绍三峡大坝的建设和改造历程，以及其对中国发展的重要意义。向孩子介绍三峡大坝的建设者是一群爱岗敬业的中国人，他们辛勤地工作，取得了不可磨灭的成就，引发孩子的自豪感和民族荣誉感，使孩子认识到个人理想与国家发展密不可分。

● **鼓励孩子将个人理想和国家发展联系起来**

了解孩子的兴趣、爱好和潜力，让孩子思考如何将自身的兴趣和能力与社会需求相结合，培养社会责任感。帮助孩子认识个人理想与国家发展的紧密联系，鼓励他们探索在这些领域中追求职业理想的可能性。

引导孩子学会欣赏多元的世界，培养孩子的文化包容性

15岁的高中生小华成长于一个相对封闭的家庭环境，他的父母对外来文化和新观念持保守态度。在这样的家庭环境下，小华很少接触到多元文化的信息，对外来文化和新观念表现出强烈的排斥和抵触。这种态度使得小华在与不同文化背景的同学交往时产生了许多问题，影响了他的人际关系。

在当今全球化的背景下，具备跨文化沟通能力和文化包容性的人在职场中会具有更大的竞争优势。高中生缺乏文化包容性，可能会影响到他们未来的职业发展和竞争力。由于缺乏对多元文化的了解和接触，有些孩子在面对其他种族或国家人民的生活状态、观念和思想文化时往往表现出不理解和排斥。

部分孩子受到网络信息传播的影响，被片面信息误导，对某些国家和种族有刻板印象，导致他们对其他文化产生误解、歧视和偏见。

家长应重视培养孩子的文化包容性，通过多元化的教育和活动，帮助他们拓展视野，理解并尊重其他文化，培养国际竞争力。

● 营造多元化的家庭氛围

创造多元化、包容的家庭氛围。鼓励孩子与来自不同文化背景的同学、朋友交往，了解他们的生活、习俗和文化特点。这将有助于孩子拓宽视野，增强对其他文化的理解和包容。

如果有条件，鼓励孩子参加国际交流项目，如国际夏令营、留学等。通过亲身感受不同国家的文化，孩子可以更好地理解和欣赏多元世界。

- 了解国际文化节日

　　家长可以选择一些具有代表性的国际文化节日，如感恩节、排灯节等，带孩子一起庆祝，参与一些与节日相关的活动，如制作火鸡、跳舞等，让孩子充分体验节日氛围，了解节日背后的历史、传统和习俗。

　　还可以在家中举办与节日主题相关的聚会，邀请亲朋好友参加并分享不同国家的文化和传统，让孩子在轻松愉快的氛围中了解和尊重其他文化。

- 与孩子共同观看各国电影

　　家长可以选择一些各个国家和地区具有代表性的电影。这些电影通常具有强烈的文化元素，能够反映出当地的生活、习俗和价值观。与孩子一起制订观影计划，并在观影过程中，就电影中的文化元素和价值观进行讨论。观影后，引导孩子进行总结和分享，让他们谈谈电影中的文化特点、故事情节和角色塑造等，帮助孩子建立对多元文化的认识和尊重。

- 与孩子品尝各国美食

　　尝试在家中与孩子一起制作一些体现不同国家文化的美食，例如寿司、比萨、咖喱饭等，了解这些美食的制作方法和食材来源。有条件旅行的话，也可以带孩子品尝一些地道的外国美食或街头小吃，让孩子亲身体验不同国家的饮食文化。

　　还可以向孩子介绍不同国家的饮食文化和餐桌礼仪，引导孩子学会尊重不同国家的饮食文化和传统。

- 丰富孩子的阅读范围

　　为孩子选择涵盖不同国家和地区、不同历史时期、不同主题的书籍，这有助于拓宽孩子的知识面,让他们更深入地了解其他文化和价值观。如果家庭经济条件允许,可以结合阅读内容安排旅行。让孩子在实地游览中,亲身体验书中所描述的文化现象,加深对不同文化的理解。

引导孩子理性思考自我与社会的关系

雯雯高中入学后被选为班长,她很高兴,但又担心同学不喜欢自己,于是总是刻意讨好同学。有时同学提出过分的要求,她也不会拒绝。时间久了,她感觉自己每天都很疲惫。

孩子进入高中阶段,不断面临身份认同、人际关系、情感管理等挑战。此时家长要给孩子提供足够的引导和支持,包括提供适当的教育资源,培养批判性思维能力,创造积极的学习环境,以及引导孩子主动参与社会实践和对话,帮助他们建立更深入的、对自我与社会关系的理性思考能力。

● **鼓励独立思考和批判思维**

常常和孩子聊天,引导孩子释放自己的压力,自由表达观点和疑问。不要无视孩子遇到的烦恼,也不要过分关注,以免给孩子增加心理负担。鼓励孩子运用已有的经验独立解决问题,让孩子能够更加理性地分析问题,培养批判思维能力。

● **引导孩子分析事情的本质**

面对问题,家长可以引导孩子思考原因,促进他们就人际关系、社会问题表达自己的观点,这样可以更全面地理解事情的本质,更好地解决问题。比如雯雯非常希望得到同学的认可,而成为一名优秀的班长所要做的并非讨好同学,而是要在自律的基础上处理好班级事务。

● **引导孩子站在更高的角度看待问题**

帮助孩子建立积极的身份认同,让他们对自己的身份有自豪感,同时能够在这个身份框架下更好地理解自己和社会的关系。让孩子知道，在班级中每个人都有不同的分工，大家既是班级中的学生，同时也通过不同的关系构建了班级这一微缩的社会，做出自己的贡献。

● 培养正确的价值观

启发孩子对情感与人际关系的理解，提供有效的方法和策略来处理压力、建立健康的人际关系，帮助孩子思考善恶、正误、责任等价值观念，树立追求真善美的信念，并在成长中塑造积极的人生态度。

引导孩子积极参与环保实践

小斌家里有三个垃圾桶，一个装厨余垃圾，一个装可回收物，一个装其他垃圾。他总是将撕开的包装、水果皮等随手扔在同一个垃圾桶里。妈妈提醒他要注意垃圾分类，可他总是不以为然。他认为反正都是垃圾，扔在哪里都一样。

垃圾分类是减少环境污染的重要方式。一些孩子对垃圾分类不重视，对环保活动的参与度不高，环境保护意识比较薄弱，缺乏环境保护技能。

高中阶段的孩子对环境保护的重要性已经有了一定了解，但人生经历有限，较少思考人与环境的关系。家长可从孩子身边的环保问题入手，适时与孩子交流常见的环境保护问题，讲解相应的环境保护的原因和方法。

● 在生活中以身作则

作为家长，要在平时的生活中注意环保，给孩子树立榜样，例如用洗菜水浇花，用洗衣服的水冲马桶，随手关灯、少用纸巾、合理使用电子设备等。让孩子明白生活中的小举动也能对环境产生影响，逐渐养成保护环境的习惯。

● 和孩子一起探讨环境问题

和孩子一起探讨环境问题，引导孩子思考人类与自然环境的关系，提高他们的环保意识。比如，让孩子说一说垃圾分类的意义；出现负面环境新闻时，和孩子一起分析这种情况所导致的后果，让他们明白破坏环境对人类生存的危害性。

● **带孩子探索自然**

带孩子去户外接触大自然，如森林公园、自然保护区或乡间农田等地方。让孩子观察动物、植物的种类，通过摄影等方式记录动物、植物的形态，感受大自然的美好、和谐，培养对自然的热爱和尊重之情。

● **观看环境保护的纪录片**

选择适合孩子年龄的纪录片，向孩子提出一些关于环境保护的问题，鼓励他们思考和表达自己的观点。家长可以询问孩子对纪录片中的环境问题有何感想，或者是否了解类似的环境问题在他们周围存在，让他们明白我们每个人都有责任保护环境，并且每个人的行动都可以对身边的环境产生积极的影响。

● **鼓励孩子参加环境保护的实践活动**

鼓励孩子参加和环境保护相关的活动。通过实践的方式增强他们的环保意识，并让他们体会到积极参与的乐趣和成就感。

一些学校会组织清理校园的义工活动，可以鼓励孩子参加并带上环保袋等物品。此外，家长可以与学校商量，在校园内设置垃圾分类桶、节水器等环保设施，让孩子能够更方便地参加和了解环保行动。

在社区，可以参加义务植树、义务种花、给社区的垃圾分类做宣传海报等活动，还可以参加一些社会机构发起的环保志愿者服务，比如到景区捡垃圾，发环保宣传单等。

一起面对青春期

引导孩子思考着装打扮的话题,关注个性美、内在美

最近,诗洋的学习成绩有所下降。通过观察,妈妈发现诗洋书桌上多出了一面小镜子,学习的时候,诗洋时不时就抬头看看镜子,摆弄摆弄头发。妈妈还发现,诗洋有空就用手机观看美妆博主的小视频,还用攒下来的零用钱买了不少化妆品。另外,诗洋也开始挑剔起妈妈帮忙选购的衣服,更是动起了改造校服的心思,希望妈妈能将校服裙子改短一些。

进入青春期之后,孩子对穿衣打扮开始产生兴趣,对自己的外貌越来越关注,这是因为这一时期孩子的身体迅速发育,使得他们产生了"成人感",在心理上希望能够尽快进入成人世界,扮演一个全新的社会角色。

另外,这一时期的孩子自我意识高涨,感觉自己无时无刻不处在"舞台"中央,其他人则像观众一样关注着自己,因此无比在意自己的着装打扮。

着装打扮的问题看似生活琐事,但它不仅涉及孩子审美观的建立,还关系到他们能否悦纳自我和正确评价他人，对于孩子提高自我修养、形成健康生活方式也有重要的意义。

- **理解内在美和外在美之间的关系**

　　和孩子一起讨论内在美和外在美的关系。引导孩子理解到外在美固然重要，但是内在美才是最朴实、最本真、最真挚的，也是最值得人去欣赏和尊重的。

　　和孩子一起阅读名著、观看电影，聊一聊主人公的穿着打扮和内在品质，让孩子独立思考，利用批判性思维，得出具有深度和广度的结论。例如，有的人不施粉黛、穿着朴素，言谈举止间却散发着令人折服的个人魅力，能潜移默化地影响他人的情感和思想；而有的人虽然有着精致的妆容，穿着时尚，头脑里却空空如也，言语间让人感到单调且乏味。

- **建立正确的审美观，增强个性美的感受**

　　人生中每个时期都有着不同的意义和美好。在恰当的时机告诉孩子，不用刻意装扮，健康的体魄、青春的面庞，既符合青少年的气质，又展现出朝气蓬勃的精神面貌，这本身就是最美的。而且，美不是千篇一律，不是模式化，要引导孩子欣赏个性美和自然美。

- **加强自身修养，理解劳动创造美**

　　良好的气质是由内而外的，源于自身的修养。家长可以引导孩子养成阅读的习惯，提高自身的文学修养；感受音乐和绘画之美，提高艺术修养；与人相处时，不乱发脾气，做好情绪管理；要践行文明礼仪，知礼、懂礼、学礼；展现得体大方的仪态，使自己的语言更加幽默风趣，有内涵。

家长还可以告诉孩子，每一份劳动都值得尊重，每一位敬业付出的劳动者都值得敬佩，劳动是最美的。

● **引导正确的自我评价，树立健康的生活方式**

这一时期的孩子确实比其他时期更关注自己的容貌和身材，对孩子着装打扮的行为严厉禁止或引导不当，会造成孩子的逆反、焦虑或自卑心理。当他们为此苦恼时，家长要在情感上理解孩子，鼓励孩子，引导他们认识自己独特的内外优势，接纳自己。家长可在一定程度上给予帮助和指导，为孩子选择裁剪设计和色彩搭配更为得体的服装，提供防晒、护肤的小知识等。

在日常生活上，提倡健康饮食，让孩子多摄入新鲜的蔬菜和优质的蛋白质，尽量少食油炸辛辣的食物，保持充足的睡眠，养成锻炼身体的好习惯，这样既可以保持皮肤光滑红润，又可以拥有健康匀称的身形，展现出自然的青春朝气和活力。

探讨男性和女性的社会角色，培养性别平等观念

暑假的一天，大东的爸爸妈妈遇到了一件麻烦事。他们俩都要在下周四出差，两天回不了家，只能让大东自己在家。其他都好说，只是在吃饭上犯了愁，平时都是妈妈做饭，大东很少进厨房，什么都不会做。妈妈想教大东学做几样简单的家常小菜，哪知大东非常抗拒，宁可每天点外卖也不愿意学，还跟妈妈说，做饭是女孩子做的事情，一个大男生怎么能穿着围裙在厨房里忙来忙去呢。

性别是社会中最基本的社会分类标准，随着年龄的增长，孩子对于性别有了更深的认识，知道不同性别在生理、社会期待方面有所不同。

孩子对性别角色的理解往往受到家庭和社会的双重影响。因此，一方面，家长需要引导孩子思考男性和女性的异同，帮助孩子正确看待男性与女性在

生活和社会价值方面的作用和关系,传递正确的性别角色观念,另一方面,还要引导孩子培养自己的责任感,建立正确的人生观和价值观。

● **帮助孩子正确看待男性与女性在生活中和社会上的作用和关系**

在传统观念中,男性被赋予更重要的社会角色,他们是社会的主导力量,掌握着更多的社会资源和领导权,因此被认为是坚强、勇敢、有担当的;而女性则被赋予照顾孩子和负责家务的责任,被认为是温柔、贤淑、细腻的。

但随着时代的变迁,性别角色的分工发生了变化。现在很多女性能力突出,在工程、政治、科学等多种曾被认为是较为男性密集型的领域中崭露头角,成为职场精英,是家庭收入的主要承担者;男性中也有越来越多的人从事教育、护理、服务等曾被认为是女性密集型的领域,并有出色的表现,还更多地参与到家务劳动和子女的教育当中,给孩子提供了非常正面的教育和人生体验。

因此,男女在生活和社会中的角色不是一成不变的,也没有固定的模式。男女平等,我们要找到各自擅长的事情去做,发挥自我价值,树立正确的择业观和家庭观。

双职工家庭中,妈妈可以在家中给孩子分享一些职场上的经历,爸爸可以在家中多承担一些家务,让孩子了解到爸爸和妈妈共同承担着家庭和社会的责任。还有一些非双职工家庭,家长要给孩子讲清楚家庭成员的分工及为家庭付出的价值和意义,这些付出为整个家庭的良好运转做出了重要贡献。

● **理解男性和女性在生理和心理上的差异性**

随着青春期的身体发育,男孩和女孩的生理差异越来越明显,这让他们了解到了彼此之间的不同。

家长需要让孩子了解男女的生理差异,并提供一些异性相处的技巧。比如,女孩力气较小,在劳动中,男孩要学会主动帮忙,多承担体力重活;而男孩性格比较粗犷,在做一些细致手工或需要极大耐心的任务时,往往需要更多的体谅和支持。

另外，家长还要理解男孩和女孩心理上的差异，告知孩子，在语言表达和沟通上，要注意方式方法。和男生沟通时，要清晰明了，大方得体，以免发生误会或误解，而和女孩沟通时，则要注意用词委婉，不要伤害女孩的自尊心。当然，这些也是因人而异，有些男孩也会天生敏感，而女孩也有大大咧咧的性格。

● **树立性别平等的观念**

虽然男女在生理和心理上都存在差异，但是双方在家庭和社会责任方面有着共同的义务，享受着同样的权利。男女的差异并不能成为人们对男女进行歧视和不公平对待的理由，要从小树立性别平等的观念。

家庭成员要共同承担家务劳动。无论是做饭、洗衣、打扫卫生，还是教育子女，这些并不只是妈妈的任务，爸爸也要共同分担，体谅妈妈的辛苦和付出。

为此，可以提议开设"家庭大扫除日"，例如，规定每周六上午全家都行动起来，一起打扫家庭卫生。大扫除结束后，每人做一道拿手菜，一起享受劳动成果。这样不仅能够让大家都参与到家庭劳务中，还能够增进家庭的和谐，营造幸福美满的家庭氛围。

指导孩子妥善处理对异性的爱慕之情

鹿鹿是个懂事又乖巧的孩子。但是进入高中，妈妈发现她和班里的男生小罗走得非常近，经常一起学习，一起吃饭，一起放学回家。妈妈以为鹿鹿恋爱了，为此暴跳如雷，让鹿鹿和小罗断绝关系，以后再也不要往来，结果引来了鹿鹿非常大的反感，她不仅没有听从妈妈的话，反而和对方来往更密切，只是变得更加隐秘，尽量不让妈妈知道。

15-18 岁

孩子在这个年龄段开始对异性产生好感和好奇心，是正常的心理现象，作为父母不能捕风捉影，要多观察、多倾听。在异性交往的问题上，家长需要注意，问题的关键是"与什么样的人交往""以怎样的方式交往""交往中的尺度在哪儿""交往时需要注意的事项"等。

这个时期异性之间的爱慕之情是很稚嫩、单纯的，如果异性关系处理得当，孩子会自觉地按照一个好少年的标准来要求自己，从而促进各方面的发展；但如果处理不当，则会影响他们的成长和进步。

● **支持正常的异性交往**

家长要支持孩子正常的异性交往，给孩子提供一些交往的实用技巧。有些孩子面对异性会害羞、拘谨、紧张，家长要鼓励孩子克服心理压力，相处时表现得大方得体；有些孩子大大咧咧，家长要引导他们注意相互尊重，沟通时，要懂得文明用语，不能盯着对方一直看，开玩笑要注意尺度。还要提醒孩子相互之间不要动手动脚，要注意肢体语言，与异性相处时要注意分寸。

在生活中，家长也要注意自己的一言一行。在孩子面前，不讲带有性别歧视的话，不做过分亲昵的动作，夫妻之间要相互尊重，相互关爱。

● **分享恋爱话题，给予正确引导**

面对正在恋爱的孩子，只要孩子的行为不是过分逾矩，家长尽可能不要表示强烈反对。

家长可以和孩子一起观看关于爱情或婚姻的电影，聊聊对恋爱的看法，分享恋爱经验，以此拉近与孩子的距离，让孩子了解恋爱是美好的，真正的恋爱是要为对方着想，是一份承诺，一份责任。同时，让孩子知道自己如果遇到感情困惑，可以随时告诉父母，父母非常乐意倾听并给予帮助。

要让孩子了解恋爱中什么可以做，什么坚决不可以做，让孩子尤其是女孩懂得保护自己。引导孩子不要因为恋爱耽误学习，可以共同树立一个目标，一起进步，一起奋斗。要真心为对方着想，努力成为对方心里那个理想的对象，一起创造美好的未来。

另外，在选择对象上，要告诉孩子，多接触积极向上、能够提供正能量的人，与他们相处是开心快乐、乐观积极的，能够促进双方的进步和提升，要警惕和远离那些三观不正和动机不纯的人。

● **对孩子开展性教育**

以性道德、性责任、性健康、预防和拒绝不安全性行为为重点开展性教育。家长首先要让孩子知道，由于他们在社会、心理、经济上都没有成熟，无法承担性关系的后果，因此要洁身自好。

家长要给孩子普及避孕知识和性疾病方面的知识。例如，引导孩子观看纪录片和新闻报道，了解艾滋病的病因和传播途径，认识艾滋病的危害，还可以和孩子一起参加相关的公益活动或讲座活动，增强防范意识。

一起健康使用媒介

鼓励孩子使用媒介

小然的班级展开了一次社会实践活动,要求学生以小组为单位确定一个感兴趣的社会话题,搜集资料整合相关信息,最后通过影像和文字相结合的形式进行展示,阐述自己的观点。小然负责搜集和整理资料,但他却不知道该从何入手,最后搜集和整理出的资料内容很宽泛,组员们只能一起帮助他再次进行梳理。

在信息时代,培养孩子的信息素养、信息技能、数字素养等综合能力显得越发重要。这些更高的能力要求,可以帮助孩子积极面对信息爆炸和媒介多样性,从中获得有价值的知识、展现个人潜力,并更好地适应未来的社会和职业发展。

鼓励孩子正确、积极地运用媒介,可以帮助他们培养信息获取筛查、创新创造、社交合作等综合能力,助力他们的自我发展。

- **培养有效使用媒介和信息的能力**

有效使用媒介和信息包括了解媒体的可信度和准确性、识别偏见和虚假信息等技能。网络中不同的媒介资源非常丰富，如数字图书馆、在线课程平台或学术数据库等。孩子需要学会对媒体内容采取批判性的态度，学习识别偏见、虚假信息和广告宣传，以避免被误导。

家长提供媒体素养的培训和课程资源，能够帮助他们学会分析和判断媒体内容，并选择高质量、可靠的信息源。

- **培养有效搜集和筛选信息的能力**

家长可向孩子传授使用各种媒体平台和工具来搜索、整理和评估信息的经验，以便于他们做出有意义的决策。例如，了解并学习常用的搜索引擎技巧，如使用引号搜索确切的短语、利用搜索运算符进行高级搜索、使用过滤器和限定词进行搜索等。

- **鼓励孩子使用媒体工具和技术创造作品**

鼓励孩子积极参与他们感兴趣的媒体领域，如摄影、视频制作、写作等，让他们学会使用媒体工具和技术来表达自己的想法，分享自己的作品。引导孩子加入各种兴趣爱好的社区网站，与其他有共同爱好的人互动和交流，分享经验、学习新知识以及寻找资源和活动。

- **鼓励使用媒体宣传和参与社会公益活动**

鼓励孩子使用媒体平台来宣传和传播公益活动，或者参与各类线上公益活动，激发孩子对社会公益事业的关注。例如，宣传环保活动、开展线上心理热线活动、为社区组织提供宣传推广等。在参与的过程中，孩子不仅能培养对媒介的应用能力，还能拓宽视野，培养社会责任感。

- **鼓励多样化的媒体使用**

鼓励孩子使用不同类型的媒介资源。家长需要引导孩子先明确自己利用媒介要达成什么目标。例如，订阅各种教育视频和播客频道，通过观看优秀的演讲和专题节目来拓宽视野，了解不同领域的知识和见解；参观虚拟博物馆和浏览在线展览，了解艺术、历史、文化和科学等领域的丰富知识；选择在线教育平台、互动社区能提供的各种兴趣领域的课程，学习拓展知识和技能；在数字图书馆和学术数据库获取各种学术论文、研究报告和书籍，通过研究和阅读，了解最新的科学发展和学术成果。

● 有节制地使用媒体

家长要让孩子明白媒介只是生活中的一部分，不能代替现实世界的人际交往和体验。可以和孩子一起制定并遵守合理的使用规则，例如限制每天使用媒介的时间、禁止在某些场合使用媒介、不让媒介影响学习等。并对孩子进行适度的监督，了解他们的媒介使用情况，避免他们受到不良信息的干扰。鼓励孩子参与其他有意义的活动，例如户外运动、阅读、社交和艺术活动等，减少对媒介的依赖和娱乐需求。

家长要保持耐心和理解，帮助孩子树立正确的价值观和意识，学会有节制地使用媒介，并在必要时向专业人士寻求帮助和支持。

负责任地发布信息

一天，小新从家里出发去学校上课，路上发现有一辆汽车燃烧，就随手用手机拍下照片并发布微博："今日上午7点左右，遭遇自杀式汽车炸弹袭击，伤亡人数尚不明朗……有图有真相。"

微博发出后，立刻引起网民的广泛关注、评论和转发，当地公安发现后立即发布微博进行了澄清。

当晚9点，小新打开微博看到众多网民的评论及当地公安发布的微博澄清帖，意识到事情的严重性，便删除了该条微博，主动与当地公安民警联系，并于当晚 10 点到市公安局接受了相应的处罚。

在现代互联网和社交媒体环境下，部分孩子有可能因为随意发布信息而导致一系列问题，引发风险和不良后果。家长应该积极引导高中生负责任地发布信息，帮助他们理解信息发布的重要性、后果和社会责任，以提高他们在互联网和社交媒体上的安全意识和行为素养。

- 共同探讨互联网和社交媒体的好处和风险

家长可以与孩子一起探讨互联网和社交媒体的好处和风险，特别是风险，如隐私泄露、网络欺凌和不良内容等，让他们明白发布信息的后果。

- 强调信息的永久性

帮助孩子意识到一旦发布信息，就可能会被他人复制、转发、截图或存档，无法完全删除或控制。从而造成长期的影响。

- 培养批判性思维

鼓励孩子在发布信息之前，仔细思考其真实性、准确性和合适性。引导他们独立思考，并教授他们验证信息的方法，以避免误传不准确或虚假的信息。

- 注重隐私保护

向孩子解释个人隐私的重要性，并教他们如何保护自己的隐私。这包括不随意泄露个人信息、设置强密码、选择隐私设置以及在不信任的网站或应用上谨慎分享信息。

尝试运用和体验人工智能产品

小范一直对科技产品充满好奇，最近他对人工智能产品特别感兴趣。他在一个智能大会上尝试使用了一款智能语音助手，只需对着它说出问题，它就能迅速给出答案。小范觉得这项技术非常神奇，他意识到人工智能正在逐渐改变我们的生活，他期待着未来能有更多有趣和实用的智能产品。

15~18岁

学习人工智能的原理和应用，可以帮助孩子解决复杂的问题，培养分析能力、逻辑思维能力和创新意识，激发创造力，更好地适应未来社会的挑战。

15~18岁的孩子已经具备一定的科学素养和信息技能，对人工智能的使用有了一定的了解，但对于人工智能的概念、发展，以及人工智能产品的进一步开发应用接触比较少，仍然可能存在认知上的不足。因此家长需要在生活中，帮助孩子创设一系列的场景和机会，让孩子体验人工智能产品，关注人工智能的发展。

● **引导孩子关注人工智能**

向孩子展示人工智能在各个领域的实际运用，如游戏、社交媒体、医疗保健和交通等，激发他们的学习兴趣。这些有趣、真实的案例可以让孩子更有了解人工智能的意愿。

与孩子一起关注人工智能的进展和趋势，让孩子能够及时了解与人工智能相关的动态，思考人工智能的前景和未来。

● **鼓励孩子参加讲座、展览及科普活动**

利用课余时间，让孩子参与和人工智能相关的科普活动和展览，如机器人竞赛、人工智能工作坊、科技成果展示等。聆听人工智能领域的专业人士讲座或演讲，了解他们的经验和见解。这些活动可以让孩子近距离接触人工智能技术和相关领域的专业人士，进一步激发他们对人工智能的兴趣，并使他们有机会在活动中体验人工智能项目。

- 让孩子参与相关课程和项目

当孩子对人工智能有了一定的兴趣，家长既可以为孩子进一步提供教育资源，例如在线教程、视频讲座和指南，涵盖人工智能的基本概念、实践技巧和伦理道德等重要主题；也可以充分考虑孩子的认知能力和学习兴趣，向孩子提供人工智能相关的学习课程和项目，如编程、机器学习和数据科学等；还可以让孩子参与到团队项目中，这样他们可以与同龄人一起合作，使用人工智能产品进行学习和创造。

- 让孩子参与相关竞赛和挑战

参与各类与人工智能相关的竞赛和挑战，如机器学习竞赛、机器人大赛、编程挑战和创新大赛等，不仅能够让孩子应用人工智能技术，了解更多前沿理念，还能通过竞赛中的成就感激发孩子继续体验、学习的动力。鼓励孩子使用人工智能技术来解决问题和创造新的应用，使用人工智能算法和技术来开发创新的解决方案。

- 强调隐私安全和道德原则

人工智能仍处在进一步开发和不断完善的阶段，孩子使用人工智能时家长还应提示他们关注隐私安全和道德原则。

要向孩子强调隐私保护意识，让他们了解个人信息的价值，并教导他们如何保护自己的隐私。

教育孩子在使用人工智能产品时需要遵守道德和伦理原则。鼓励孩子思考和评估人工智能系统的决策和行为，并对可能的倾向性、歧视性和不公正性保持警觉。

提示孩子对人工智能产品和算法结果可以持有批判性的观点，让孩子了解人工智能技术可能带来的风险和挑战，以及如何使用这些技术来造福人类社会。

支持孩子学习

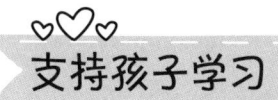

引导孩子设定并规划长、中、短期目标

小光虽然才进高中,但一想到日后将要面临的高考,就觉得自己应该把握好当下的每一分钟,但又不知道自己应该朝着什么目标前进、当下做什么是最合适的。于是,他只能在学习上按部就班地跟着老师的节奏,学得比较被动,也经常觉得高中学习让人很疲惫。

面对高考,每个孩子都希望能管理好自己的时间,更好地越过这个重要的人生转折点。而管理好时间的核心,是先要做好目标管理。就像案例中的小光,他没有明确的学习目标,就很难判断当下最重要的事情是什么,如何分配时间才最合理。

- 引导孩子做好目标管理

目标管理包含目标的设定、规划和调整。目标的设定指的是设定明确具体的目标,目标的规划指的是根据目标做好具体执行的计划,目标的调整指的是根据实践的情况调整目标。对高中生而言，长期、中期、短期的目标都有重要的价值和意义。

● **制定长期的学习目标**

对高中生而言，长期的学习目标常常是大学目标或未来的职业目标。

家长和孩子可以通过阳光高考网查询各个大学这几年的录取分数，去了解与孩子成绩匹配的大学，包括大学的基本情况、专业设置、图片视频等。侧重于关注录取分数略高于孩子当前水平的，这样对孩子来说有一定的挑战但又不会太难。如果有机会，也可以利用假期的时候，带孩子去高校参观体验，激发孩子树立和强化长期的学习目标。

● **根据长期目标制定中期目标**

中期目标是在长期目标基础上进行分解而来的，它能帮助孩子更好地评估自己的进展。

比如孩子设定的长期目标是考上某大学。往年本校年级前 60 名左右的同学才能达到这所大学的录取分数线，而孩子当前是年级第 100 名。拆解到剩下的 5 个学期，每个学期排名得往前进 8 名，对应的考试总成绩需要提高 15~20 分，于是中期的学习目标就可以定为每学期提高 15 分左右。

● **将中期目标拆解为短期目标**

短期目标能增强孩子当下的学习成就感，使孩子的学习动力更强，同时也能更好地培养孩子的自我约束意识及责任感。

短期目标需要具体到每周或每天的学习行为，比如"每学期提高 15 分"由"本学期数学提高 10 分，英语提高 5 分"构成，那应该怎么做到呢？

一种方式是从错题入手，将知识点彻底掌握。制定的短期目标是：分析错题原因，重新学习该知识点，练习相关的习题，每天 2~3 道，集中 3 天练习完，并每次分析错题。如果准确率不能达到 100%，则延长练习天数。

15~18 岁

另一种方式是从未来学习的每个环节出发，从预习、听课、复习、作业这四个环节进行优化。课前预习并标记出自己不懂的地方；上课认真听讲，并解决问题；课后复习当天的知识巩固记忆；把作业里不懂的地方标记出来，当周解决。

以上示例仅供参考。但需注意的是，每个环节设定的学习行为目标要尽量简单，先从最简单的开始，如果每个环节都设定很高的要求，孩子很可能难以坚持。家长要协助孩子制定出合理的短期学习目标，先开始，再完善。

● 把目标具体化，才能更好实现

目标如果不够具体，就无法指导行动。因此，要将目标量化出来，并将目标执行的场景细化。细化场景可从时间、地点、方式等方面着手。例如，何时——数学课前一天晚上9点前完成预习；何地——在家里的书桌前学习；怎么做——如果预习时间短，先找出课本中的问题，带着问题听课，如果预习时间充足，先重点看看概念和公式，再画出课本中的问题，带着问题听课；做多久——至少5分钟，争取能15分钟左右；预备方案——万一前一天晚上来不及预习，就利用课前几分钟的时间完成。

掌握应对偏科的方法，帮助孩子改善偏科

小清学习一直很勤奋，但就是偏科。究其原因，小清总是先把时间分配给更喜欢的优势科目。每次老师找小清谈心，他在弱势学科的学习上就会稍微努力一些，但过了一段时间，又会回到原来的状态。

177

偏科是一种常见的现象。优势学科能学好，于是孩子体会到成就感，更有动力去学，投入更多，更容易学好，形成良性循环。而弱势科目的学习则正好相反，容易掉入"不喜欢，投入少，学不好，更不喜欢"的恶性循环。家长需要掌握一些必要的方法，联合老师的力量，帮助孩子建立良好的学习习惯，克服偏科的困扰。

● **正确看待偏科**

高中阶段发生偏科的原因一般有两种。一种是因为学科难度提高，孩子暂时没能跟上学习节奏。家长需要意识到这种情况的普遍性，不要一看到孩子成绩下降就焦虑慌张。

还有一种情况是长期积累造成的偏科，不是一天两天，而是一直如此。这种情况，家长更加需要有耐心，不要过分关注，以免引起孩子的反感，从而失去信心。

● **引导孩子迁移优势学科的学习经验**

让孩子回顾自己优势学科的学习过程，讨论怎么把优势学科的学习方法迁移到弱势学科上，如何实践并制订相应的计划。如此一来，孩子会对弱势学科有更强的信心和改进的动力。

家长要与老师密切沟通，请老师多关注孩子在弱势学科上的努力与改进，同时家长也能获得更多关于孩子弱势学科的学习信息，方便及时对孩子做得好的地方进行鼓励，增强孩子的自信心。

● **制定小目标，积累成就感**

对待弱势学科，家长要善于协助孩子制定小目标，从小小的成就开始积累，只要孩子在原来的基础上愿意多做一点点，就是进步。

举个例子，孩子的弱势学科是英语，比起一天记20个单词这个目标，一天记3~5个就算小目标。不要觉得一天记这么几个单词数量太少，一开始先培养习惯，习惯培养好了，再慢慢增加数量。否则目标过大，孩子坚持不下去，反而效果不好。

- **激发孩子树立远期目标，增强弱势学科的学习动力**

远期目标同样可以成为孩子学习弱势学科的动力。例如，一些理科成绩优秀的同学英语成绩不好，家长可以鼓励孩子参加一些理科相关的比赛及实践项目，培养对科研的喜好，而想要做好科研，需要阅读不少英文文献，再以此为引导，肯定孩子在英语学科上的付出。

鼓励孩子用科学方法分析和解决生活中的问题

阿瑶最近关注到自己居住的小区里的垃圾回收问题。她发现一些居民对垃圾分类的要求不够了解，导致很多可回收的废品被当作普通垃圾处理，这也增加了垃圾分类工作人员的负担。阿瑶开始思考，如何用科学方法解决这个问题。

从生活问题出发，培养孩子的科学精神及科学研究素养，不仅能增强孩子的独立思考能力、问题解决能力，还能培养孩子的社会主人翁意识，为创造美好的社会贡献力量。家长可以指导孩子掌握基本的科学方法，并培养他们解决问题的能力。

基本的科学方法包含 7 个步骤，分别是：观察描述、提出问题、分析问题并提出假设、验证假设、数据分析、得出结论、进一步研究。

- **观察描述**

科学研究的起点常常是观察和描述，通过观察和描述可以对问题、现象建立初步的认知和理解。观察后，要引导孩子描述出自己观察到的内容。

- **提出问题**

当观察描述完后，就可以在此基础上提出问题。问题一定要足够明确和具体，而且要可验证。

- **分析问题并提出假设**

  提出问题后，紧接着就是对问题进行分析并提出假设，提出假设就是指对问题的解释或解决方案提出一个猜测或假设。因为一个问题背后涉及的因素很多，如果一个一个去验证，时间成本会很高。这时候就需要先通过分析问题去找出关键的因素，并提出相关的假设。当提出假设后，研究者也能更有针对性地进行后续的科学实验设计和数据收集，让科学研究的过程目的性更强。

- **验证假设**

  为了验证假设，需要进行实验设计。实验要有控制组和实验组，在必要的情况下，可以使用一些科学仪器和测量工具来获取准确的数据。

- **数据分析**

  在进行实验的过程中，需要收集实验数据，最终进行统计和分析，并从中提取有意义的信息。通过数据分析，可以验证假设的正确性，并解释结果。

- **得出结论**

  在这一步，家长可以引导孩子根据数据分析得出结论，结论应该基于实验数据回答最初提出的假设。

- **进一步研究**

  得出结论并不是科学方法研究的终点。家长要鼓励孩子进一步思考和研究，去发散、关联出更多的相关问题，进行新一轮的研究和实验。

鼓励孩子打破常规、创造性地解决问题

小林习惯于按部就班地完成相关的任务，不太愿意尝试新的方法或从不同角度思考问题，导致解决问题的方案相对局限。遇到稍复杂一些的问

题，他就无法有效地分析或理解。

如果孩子缺乏创新思维，在解决问题的过程中就会缺乏开放性和灵活性。久而久之，当孩子面对挑战时，可能会更倾向于保守的方法和行为，避免失败的可能性。

高中时期，培养孩子的创新能力，不仅能帮助孩子更灵活地应对挑战、提升解决问题的能力，还能让孩子学会主动探索、适应变化，为未来适应大学及职场打下坚实的基础。

● **用 5W1H 分析法拓展思路**

5W1H 分析法是政治学家拉斯韦尔提出的一种思维方法，指的是从 what（何事）、why（为什么）、who（谁）、when（何时）、where（何地）、how（怎么做）等方面提出问题进行思考。孩子面对问题没有头绪时，就可以用 5W1H 分析法来拓展思路。

需要注意的是，有时候用 5W1H 分析法来思考的时候，未必每一个问题都是有意义的，这是很正常的。家长可以在平常与孩子讨论问题的时候就使用 5W1H 分析法，引导孩子实践并掌握这个方法。

● **用反向思维来解决问题**

有时候面对的一些问题，从正向的角度来思考常常比较局限，考虑不周全，这时候就可以通过分析问题的关键词并结合反向思维来得出思考方向。

举个例子，孩子面对的问题是"适合自己的学习方法"，这个问题里的关键词是"适合自己"，反向思考就是"不适合自己"的学习方法，以此拓展思路。比如，孩子上课只顾着记笔记，听课效率不高。这时候反向思考，上课时不必把老师讲的所有内容都记录下来，而是更注重于理解老师讲解的内容，提高学习效率。

- **用类比提问解决陌生领域的问题**

类比提问的方法可以帮助孩子借助旧有的经验解决陌生的问题。类比思维在学科学习上也能经常应用，比如孩子理解物理中的一些运动知识，可以用体育运动中的经验进行类比；理解数学中的几何图形问题，可以用美术课程中线条、形状等相关知识进行类比。

- **家长以身作则**

家长的态度和思考行为会影响孩子的思维方式，所以家长要为孩子树立积极的榜样，遇到问题勇于尝试并从失败中学习。家长可以给孩子提供一定的思维方法支持，在孩子遇到困难的时候给予安抚和鼓励，给孩子独立思考和解决问题的空间。家长还可以多给孩子提供一些不同领域的学习机会，让孩子能够从多个角度思考问题，培养跨学科的思维能力。

帮助孩子规划未来

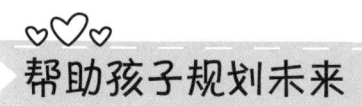

帮助孩子树立信心，以稳定心态度过升学考试

　　小玲最近十分焦虑，因为第一次模拟考试的成绩比她预期的要低很多。还有60多天就要高考了，要复习的东西很多，时间明显不够用，但小玲无从下手，不知道该做什么。她感到自己似乎进入了一个可怕的循环里，每天晚上都熬夜，但是效率却不高，第二天上课时总犯困，听着听着就走神，什么也学不进去了。

　　面对高考，适度的紧张是正常的，也是有益的。但是孩子如果过度紧张、焦虑，甚至出现心理问题，家长就要给予重视了。

　　当孩子在平时的考试中失利，家长要帮助孩子一起分析原因，弄清楚是心态问题，还是知识点掌握不牢的问题。让孩子不要过分在意分数本身，而是要通过考试，精确地了解自己的优势和短板，具体到每一个学科、每一个章节、每一个知识点。同时，也要充分肯定孩子已经取得的成绩，帮助孩子树立信心，以更加平和的心态面对考试。

● **保持适度期待，克服焦虑情绪**

很多家长，自从孩子上了高三后就一直处于紧绷的状态。孩子考好了，怕孩子骄傲，甚至怀疑试卷难度；孩子考差了，就忧心忡忡地忙着给孩子报各种补习班。这些做法只会让孩子更加焦虑。家长应该首先调整好自己的心态，多从积极的方面去看待问题，从孩子的实际情况出发，保持适度期待。

● **鼓励孩子树立信心，以平常心面对升学**

高考是人生当中一段重要的经历，但它不是人生的全部，高考成功不代表就拥有美好的人生，高考失利也不意味着就输掉了人生。

当孩子的成绩不理想时，不要一味地指责，要看到孩子身上的优点，鼓励孩子不要泄气，要树立信心，凡事尽力不留遗憾就可以了，以更加平和的心态面对升学，稳定的心态是成功的基础。

● **营造正常有序的家庭生活氛围**

高考越来越近，紧张的氛围越来越浓。作为家长，要把重点放在保证孩子的一切"正常"上，这里的"正常"指的是孩子的心态正常、身体正常、复习正常、发挥正常。要想让孩子"正常"，家长首先要"正常"，至少要表现得"正常"才可以。凡事不唠叨，多听少说，多陪伴，让孩子感受到父母的关爱。

● **科学、合理地安排生活作息，保证劳逸结合**

高考前的一周，很多学校通常都选择放假，让孩子们在家进行更有针对性的复习和调整。但是，有很多孩子觉得这一周是最难熬的，不复习觉得不安，复习又不知道从何下手，要干的事情很多，但是不知道从哪里开始，结果弄得越来越焦虑。

这个时候，家长可以和孩子一起制定一个详尽的计划表，具体到每一天的每一个小时，从而把孩子的精力从患得患失、紧张焦虑中拉回到具体知识的复习、具体问题的查找和考试技巧的掌握上来。

同时，要让孩子保持充足的睡眠，不要为了多看几页书、多做几道题就牺牲休息时间，这样只能陷入恶性循环，严重的会导致失眠，产生负面情绪，从而影响复习效率和备考效果。要科学、合理地安排作息时间，保证孩子劳逸结合，身心愉快。

指导孩子理性选择志愿

小明对爸爸从事的机械工程师工作很感兴趣，想要在高考填报志愿时选择相关专业。可是爸爸觉得小明做事情不细致，好动坐不住，不太适合这类工作，想让小明报考计算机专业，父子俩谈不到一起，谁也说服不了谁，家庭氛围紧张。

填报志愿一直以来都是高考家庭面临的一项重要抉择。孩子在这个相对懵懂的年龄阶段，所做的决定往往缺乏深思熟虑，加之对多数职业特点了解不深，所以难免偏颇。而家长因为自己的职业体验和生活经历，觉得对孩子的志愿填报及未来职业指导更有话语权，这就容易引发两代人的矛盾。家长要根据实际情况，帮助孩子进行理性选择，填报适合自己的大学和专业。

● **帮助孩子了解大学与未来职业的关系**

大学是学生走向社会的桥梁，未来的职业方向多半取决于在大学时期所学的专业。家长可以引导孩子理性分析自己的优势，选择更适合自己的专业，帮助孩子在未来就业时少走弯路，让职业发展更加顺利，更好地实现人生价值。

● **帮助孩子了解大学专业与高考选考科目的关系**

想要帮助孩子选好志愿，为未来职业打好基础，家长就要帮孩子在选考科目上做出相应的选择，不能出现选考科目不支持报考志愿的尴尬。

选科时，家长可以和孩子一起查找，了解相关信息，把未来志愿的必选科目挑选出来，看看孩子是不是擅长。如果不擅长，就要及时进入备选志愿项再进行匹配。

必要时，可以借助专业人士的指导，从而帮助孩子尽可能地做出最佳选择，为接下来的科目学习、志愿填报和未来职业奠定基础。

- **帮助孩子平衡高考选考科目和兴趣之间的关系**

如果孩子对未来志愿、职业相关的选考科目不感兴趣、不擅长怎么办？这就需要家长和孩子一起客观分析，从而做出相对优化的选择，尽量让孩子的爱好兴趣和未来志愿填报及职业选择关系紧密。

家长可以带孩子走进不同的职业场所，让孩子身临其境，体验不同职业的特点、要求和工作环境，对未来职业有更加直观的判断，对自己的兴趣和未来职业有更加客观理性的思考，从而做出更好的选择。

- **为孩子选择志愿提供参考意见，尊重孩子对自身的未来规划与发展意愿**

当和孩子意见不一致时，家长要不急、不躁、不取代孩子做决定，而是提供帮助，让孩子自己体验，最终让孩子自己做决定。当然，家长可以提供参考意见，并且要给出支持自己意见的理由，帮助孩子走出迷茫状态，真正做出他们自己的选择。

家教咨询室

如何帮助孩子摆脱焦虑和抑郁的情绪?

　　妈妈发现,小露最近放学回家后,就直接走进自己房间把房门反锁上,晚饭时她也默默无语,吃完再次回到房间锁上门。周末,爸爸想带小露出去散散心,她摇摇头,表示哪儿也不想去,什么也不想做,情绪低落,眉头紧锁。如果爸爸妈妈多劝说她几句,她就会立刻变得生气、烦躁、叛逆,拒绝沟通,像是把自己封闭了起来。

　　青春期,孩子的认知能力正在发展中,一些不成熟的想法和认识偏差,容易使他们钻牛角尖,再加上这个阶段的自我调节能力不够完善,因此孩子容易产生消极情绪,导致焦虑或抑郁。

　　产生焦虑或抑郁的原因有很多,有可能是来自家庭、学校、社交媒体等方面的压力,或者是与近期发生的重大事件相关,例如校园霸凌、亲人病故等。家长要关注孩子的日常活动、交友情况、学习情况等,如果孩子的情绪、行为或学习成绩出现了明显的变化，家长需要及时与孩子交流。

● **学会倾听孩子**

进入青春期，孩子的烦恼突然增多，他们通常希望能够找到一个可靠的人来诉说。家长如果可以成为这个被信任的人，就能了解孩子的内心世界。

家长要学会倾听孩子的烦恼，站在他们的角度去理解他们。在孩子感觉自己得到理解和关爱的时候，他们会重新审视自己，放下情绪，理性看待事情，从他人的角度考虑问题。

● **传递积极情绪**

情绪会传染，如果家长的情绪不佳，每天愁眉不展，唉声叹气，也会影响孩子的情绪。因此，家长要注重调整自己的心态，无论是面对工作还是家庭，都要以积极乐观的心态来应对，这也会给孩子传递积极情绪。

全家人可以每周找一个固定的时间，一边吃零食水果，一边聊天，看看让人心情放松的电影、电视剧、综艺节目；收听相声、小品等幽默的广播节目，一起开怀大笑，偶尔还可以回味一下里面的搞笑段子来调剂生活；在饭桌上一起分享生活中的小趣闻，让孩子从烦闷的学习生活中解脱出来，感受家庭温暖。

● **建立规律的生活习惯**

建立良好规律的生活习惯，对于降低焦虑和抑郁情绪，也是非常有效的。家长可根据家庭和学校的日程调整孩子的作息，合理安排孩子每天的饮食、睡眠、学习以及运动的时间，督促孩子合理饮食、充足睡眠、适量运动，从而调节孩子的情绪。

● **学习放松技巧**

教会孩子如何放松。当感到紧张、焦虑的时候，可以先找一个安静的地方，让自己平静下来，闭上眼睛，深呼吸，用鼻子吸气，用嘴巴吐气，反复几次，直到自己感觉好一点，彻底放松下来之后再继续做事或者发表看法等。

如何帮助孩子建立自信？

　　小治内向敏感，不善交际，进入高中之后，这种情况越发严重了。跟老师沟通之后，妈妈了解到小治在学校里总是独来独往，上课从不主动举手发言，老师点名请他回答问题的时候，他也是低着头，声音非常小。经过交流，小治跟妈妈说出了自己的想法。原来，入学自我介绍的时候，小治由于紧张，把自己的名字说错了，受到了大家的嘲笑。从那以后，他感觉大家都不喜欢他。他学习平平，长相不出众，个子小小的，没有什么特长，常常感到自卑，他真希望自己变成"透明人"。

　　孩子在青春期开始注重自己在他人眼中的样子，有较强的自尊心，受到肯定和赞扬的时候，会产生强烈的满足感；而如果受到批评和嘲笑，则会产生强烈的挫折感，严重的还会引起焦虑情绪，影响心理健康。

　　家长要引导孩子正确认识自己，做出合理的自我评价，并学习挖掘自己的潜力，扬长避短，建立良好的人际关系和自信心。

- **正确认识自己，做出合理的自我评价**

　　家长要让孩子认识到，一两次的成功或失败不代表什么，对一个人的认识要结合性格、能力、外貌、品质、兴趣等多个维度。而且随着年龄的增长，每个人也会发生变化。引导孩子拓宽对自我的认识，更加深入地对自己做出评价。

另外，面对他人对自己的评价，家长要提醒孩子独立思考，更加关注自我评价，学会自我欣赏。

● **扬长避短，挖掘自己的潜力**

消除自卑、增强自信心的关键是要让孩子善于发现自己的长处和优点，正确看待自己的不足，做到扬长避短，以长板带动短板。

家长可以让孩子从语言表达、数学逻辑、音乐艺术、绘画艺术、空间能力、人际交往能力、自我内省能力、身体运动能力等维度出发，探索自己哪一项更为突出，更具潜力。

家长可以给孩子提供更多提升能力的机会和条件，让孩子充分发展自己的优势能力。家长还可以引导孩子将自己的不足作为前进的动力，通过自己的勤奋努力来弥补不足，帮助孩子克服自卑感。

● **鼓励孩子积极与人交往**

与人交往的时候，我们会通过听、说、看、感受来了解他人的喜怒哀乐，关注点从自身扩大到更多的人和事，增加了认知，打开了眼界，心胸也就会变得开阔起来。

通过与他人沟通，也会了解他人眼里的自己。有时候，我们认为自己在他人眼里很糟糕，但其实不然，也许在他们眼里我们是值得交往的好朋友。鼓励孩子在学校和生活中找到懂得欣赏自己的志同道合的好朋友，和他们互相理解，互相支持。

中学阶段，良好的同伴交往对孩子的心理发展和情绪稳定非常重要。因此，家长要尽量给孩子提供与朋友交往的机会和条件，给予孩子交友的指导和建议。

如何帮助孩子坦然面对单亲家庭？

自从父母离婚之后，大雄就跟着爸爸一起生活，很少跟妈妈见面。高中生活紧张但也充实，课余时间大雄会跟三两个好友一起外出逛逛。一天，大雄在路上遇见妈妈正在跟人攀谈，这时妈妈向大雄招了招手，示意他过去。但是，大雄假装没看见，转身就离开了。好友追上去问他那个女人是谁，为什么叫他过去，大雄表示不认识，不知道为什么要叫他。

父母离异往往会给孩子造成方方面面的影响，如果处理不当，长期积压的负面情绪会让孩子自卑或抑郁。因此，家长要与孩子建立信任感，积极沟通，让孩子认识新的家庭结构，并给予孩子足够的关爱，让孩子感到与以往一样的快乐和安全，这样他们的身心才能获得良好的发展。

● **帮助孩子重新认识家庭**

很多孩子对父母离异抱有抵触情绪，不想让身边的老师和同学知道，觉得难以启齿。而且原本完整的家庭现在分崩离析，孩子的生活会发生翻天覆地的变化，有种天塌下来的感觉。

为此，家长要给予孩子充分的理解，不仅自己要保持平和的心态，还要帮孩子重新认识家庭的概念。

父母要找机会跟孩子沟通，让孩子明白大家依然爱他。父母之间需要保持一种友好的态度，不能诋毁任何一方。父母可以制定规则，明确双方的权利和义务、如何照料孩子、多长时间见一次面等，让孩子正确认识单亲家庭，熟悉新的家庭节奏，理解自己和其他的孩子一样，仍然生活在一个健康快乐的家庭中。

● **提供支持和安全感**

父母一方的缺失对于孩子最大的打击就是安全感的缺失，他们会感觉父爱/母爱已经不在，于是产生自卑、猜疑、自我否认的心理。为此家长要格外关注他们的言行，发现有异常的苗头，要及时和孩子谈心，了解他们的心理动向和需求，及时疏导宽慰。

家长要营造和谐轻松的家庭氛围，带孩子去听听音乐会、看看画展、逛街、外出旅行等，使孩子尽快从痛苦和沮丧中走出来，重新展现开朗自信的一面。

● **让孩子学会承担家庭责任**

值得注意的是，家长不要因为离异而特别溺爱孩子，要放心大胆地让他们去做一些力所能及的事。例如，保持自己房间的卫生，管理自己的学习时间，帮家长分担家务等，让他们做这个年龄应该做到的事情。

另外，鼓励孩子做他们想做的事，培养他们的自理能力和独立性。家庭的重要决策，可以征求孩子的意见，让孩子知道，他们是家庭中的一个重要成员，对家庭负有一定的责任。

如何帮助厌学的孩子？

丁丁活泼好动，以前虽然对学习不是很上心，但成绩也还不错。自从进入高中，学业压力加大，父母发现丁丁每天总是懒洋洋的，一提起学习就垂头丧气，成绩总是不尽如人意。丁丁表示，每天都不想上学，没有一个喜欢的学科，一写作业就犯困，只希望时间过得快一些，赶快放学。

厌学心理是一种对学习产生厌倦甚至厌恶，最终逃避学习的心理。家长面对厌学的孩子，先不要忙着批评教育，要找到孩子厌学的原因，对症下药，帮助他们找到学习的目的和动力。另外，要引导孩子合理看待学习压力，适度的学习压力有助于孩子的学业进步。

● **帮助孩子分析原因**

家长要和孩子一起分析厌学的原因：是某一次考试成绩不理想，对自己的实力产生了怀疑，所以对学习失去兴趣；是觉得作业太多，考试频繁，感到很疲惫，精神压力大；是学习方法不对，付出了很多努力，却不见学习成绩的提升；是对某一科的老师抱有成见，不喜欢上他的课程；还是没有学习目标，所以不想学习；等等。

种种原因都会导致孩子厌学，因此家长要仔细观察，与老师密切沟通，结合孩子的表现来分析原因，找到厌学的根源。

● **对症下药，疏导情绪**

找到厌学的原因之后，家长要对症下药，帮助孩子摆脱烦恼，疏导情绪。

家长对于孩子学习成绩的期待是孩子压力的主要来源之一，因此家长需要合理、适度地表达这种期望，不要在孩子面前展现出自己焦虑、担心的情绪，这样只会增添孩子的烦恼。告诉孩子拥有乐观的个性和积极的生活态度，比拥有理想的分数更重要。

面对学习没有目标的孩子，家长可以引导孩子展望自己的未来生活和职业，让他们根据自己的实际情况来设立目标，有节奏地正向激励自己。

在学习技巧、人际关系、生活烦恼等方面，家长要给予孩子一定的指导和建议，帮助他们摆脱困境，从而使他们可以全身心投入到学习中去。

● **正确看待压力，学习自我调节**

学习压力是一把"双刃剑"，过度的学习压力会给孩子造成心理困扰，但适度的学习压力可以催动孩子积极上进。

因此，家长可以引导孩子通过自我调节来达到更好的效果。比如面对重大考试，家长可以引导孩子尽量放松心态，不熬夜复习，保持充足的睡眠，感到紧张时，通过深呼吸调整等。但如果是平时的测验小考，则要让孩子提高重视程度，给自己一定的压力，注重平时测验和作业的准确率。

智慧父母驿站

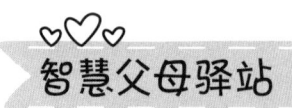

认识和欣赏孩子的长处

美琪性格开朗，特别愿意和父母分享自己学校里发生的事情，但是近期她不太愿意说这些了。因为无论她说什么，父母都会提到学习、考试上，或者表现得不耐烦，对于美琪的烦恼也觉得只是小事，有时还会训斥美琪。

孩子进入高中阶段，他们对世界充满了好奇和困惑，渴望家长能和他们一起探讨人生、探讨对事物的认知视角、探讨困惑或苦恼等。

家长也需要以学习的心态与孩子沟通，看到和欣赏孩子的长处。

15~18岁

- **看到孩子优秀的一面，及时肯定和赞赏**

这个阶段，内心世界的成长带来的外在表现是，孩子不再什么都说，更多的时间是沉默、思考、求证。作为家长，要用心观察孩子，尤其是看到他们努力做到的好的一面、优秀的一面，并给予及时的肯定和赞赏。

如，"我看到你在进房间写作业前刻意把手机留在了客厅，你在努力为自己创造更专注的学习环境！""你一直在努力提升自己比较薄弱的科目，妈妈都被你的努力感动了。"

- **激励孩子提高辨识能力**

孩子在高中阶段的困惑和迷茫，都是他们当下的人生经历中让他们无法识别的部分。家长可以激励他们提升辨识能力，提升选择与决策能力，向更优秀的方向前进。

让孩子在一定范围内自己做选择。做选择的过程，是孩子心智成熟的过程，是辨识能力提升的过程，也是选择与决策能力得到锻炼的过程。

形成与时俱进、终身学习的观念和习惯

形形上高中以来，经常在全家人一起用餐的时候，问一些爸爸妈妈不知如何回答的问题。如，她会问："人活着到底为了什么？我们每天这样学习的意义和目的在哪里？""高中同学开始谈恋爱了，这样对吗？"爸爸妈妈面对形形的问题，不知道如何回答，有时回应了她，她也摇着头说："不是这样的。"然后神情失落地回到自己的房间。

我是谁？我想成为一个什么样的人？我怎么做才能成为这样的人？这真的是我想要的吗？我真的能成为这样的人吗？未来我能凭借什么在这个社会上赢得一席之地？这个阶段的孩子已经进入自我身份的探索和思考中，从而有了各种困惑表现。这时，家长要充当导师角色，给孩子答疑解惑或指引方向。

当然，这也要求家长提高认知水平，跟随孩子的成长而持续提升自我。

家长的持续成长，能为孩子树立榜样，吸引孩子合作与学习，从而将自己的知识、技能和经验传递给孩子。成长还能使家长紧跟时代前进的步伐，缩短与孩子之间的心灵距离，更好地理解孩子的成长需求与心理特点，与孩子建立良好的亲子关系。

- 坚持读书

读书可以提升我们对世界的认知、重建我们的价值观、调整我们的习惯、强化优势能力等。家长具有良好的价值观，才能更好地引导、支持孩子，激发孩子的潜能，让孩子找到自己的发展方向。

- 参加家长成长培训

不妨参加和家庭教育、心理学相关的课程，进一步了解自己、认识自己、探索自己、疗愈自己、超越自己。在家庭教育中，学习接受自己是家长需要做的功课。家长也有缺点，会犯错误，我们需要正视这些问题，学会接受自己的不足。只有接受自己，才能够包容孩子、理解孩子、帮助孩子走出困境。

- 向他人学习

家长要借由与其他家长或亲朋好友交流等方式，不断提高自己的教育能力，丰富育儿经验，为孩子的成长提供更好的保障。

- 在生活中修炼

家长要走进孩子的内心世界，感受他们的困惑，帮他们解决问题，让孩子感受到家长无条件的接纳和包容，感受到安全，感受到被理解，知道家长永远都是自己的支持者。

家长是孩子最好的榜样，孩子能透过家长的状态看到自己未来的样子。家长要学会梳理自己的情绪，学会表达自己，学会处理自己工作、生活中遇到的各种各样的问题。

做好家庭建设，经营幸福生活

泽西上了高中，像是变了一个人。曾经喜欢和爸爸妈妈东讲西讲的孩子突然不喜欢讲话了，回家后就进自己的房间，不知道他在做什么。吃饭时，他也会说一些事情，可当爸爸妈妈一回应，他就用陌生的眼神看着他们，然后又不说话了。爸爸妈妈感受到泽西在学业上的压力，很希望能够支持他，但泽西要么发脾气，要么无话可说，这种状态让爸爸妈妈不知所措，无力应对。当孩子上了高中，家长该如何更好地支持孩子的成长呢？

随着孩子年龄的增长，如果父母还停留在孩子上小学、上中学的认知阶段，和孩子对话，几乎就很难与孩子同频。家长如果想更好地支持高中阶段孩子的成长发展，要把力量放在自我提升和家庭建设上，当家长持续成长，才有可能与孩子同频对话，当家庭持续保持和谐友爱的状态，才能给孩子更有效的爱的滋养。

家长持续自我成长，同时构建和谐美好的家庭关系才是和孩子有效建立链接的重要前提，也是引领孩子、协助孩子构建稳定内心的定海神针。

● **家长持续自我成长**

家长持续性成长的途径很多，如钻研业务、参加培训、读书、运动……持续性学习能够帮助家长逐渐完成内在自我的重新构建，提升认知格局和整体综合素养，能站在更高层级引领孩子的自我成长。

● **和孩子一起建立家庭规则**

共同制定家庭规则，家庭成员都要遵守，并对规则的执行都具有平等的监督权。家庭规则应该是公平和合理的，可以随着孩子年龄的变化增加或删减。如，回家后手机就不再使用，睡前半小时可以查看手机信息等。

● **和孩子一起培养家庭价值观**

培养共同的价值观，是家庭成员融洽和谐的核心。进入高中阶段的孩子，越来越关注价值取向。因此，家庭中的价值观定位应该是积极向上的，如敬畏生命、彼此尊重、坦诚真实、勤奋向上、包容理解等。价值观同频，家庭成员之间可以在生活中有更多沟通畅谈的话题，容易形成更加良好的习惯和行为。

- **形成良好的沟通模式**

  高中阶段的孩子在沟通中更倾向表达观点、思想等，同时希望自己的想法、感受和需要被看到、被尊重。亲子之间的沟通姿态应该是开放和坦诚的，这样有助于更好地在彼此间建立信任、理解、尊重。孩子在学校里的社会交往模式，是通过模仿家长在家庭中的沟通学会的。因此，在家庭沟通过程中，家长也在起着示范作用。

- **家庭成员之间相互支持**

  当孩子遇到困难或面临挑战时，他们最渴望得到的是来自家长的帮助和鼓励。同时，也期待得到家长给予自己的高度信任和支持，这样他们才能有勇气、有力量面对生活中的挑战。

- **给家庭成员最大限度的"允许"**

  在家庭生活中，存在分歧和冲突是常见现象。当有分歧时，我们要给对方最大限度的"允许",让对方在过程中去感悟选择带来的结果,然后尝试做出调整。这也是我们常说的爱与包容、理解。

总之,创造和谐美好的家庭需要家长和孩子一起努力和合作。家庭成员之间互相关爱、互相理解、互相鼓励,营造积极、向上、快乐的氛围,才能逐渐建立一个温馨、和谐、幸福、美好的家庭。在这样的家庭中生活的孩子,才会感受到充足的爱的滋养,感受到足够的安全,感受到生活的丰富多彩,感受到生命的意义和价值,才会拥有更强的动力去创造自己未来的生活。